高等教育管理信息化建设

同晓 著

中国商业出版社

图书在版编目（CIP）数据

高等教育管理信息化建设 / 同晓著 . -- 北京：中国商业出版社，2023.10
ISBN 978-7-5208-2694-5

Ⅰ.①高… Ⅱ.①同… Ⅲ.①高等教育—教育管理—信息化建设—研究—中国 Ⅳ.① G649.2

中国国家版本馆 CIP 数据核字 (2023) 第 213382 号

责任编辑：许启民
策划编辑：武维胜

中国商业出版社出版发行
（www.zgsycb.com　100053　北京广安门内报国寺 1 号）
总编室：010-63180647　编辑室：010-83128926
发行部：010-83120835/8286
新华书店经销
福建省天一屏山印务有限公司印刷

*

710 毫米 ×1000 毫米　16 开　12.75 印张　200 千字
2023 年 10 月第 1 版　2023 年 10 月第 1 次印刷
定价：58.00 元

****

（如有印装质量问题可更换）

前言 / PREFACE

随着信息技术的发展，教育已经进入信息化时代。现代信息技术被广泛运用于教育领域，信息成为教育系统的一种基本构成要素。信息化教学对高校教学具有革命性的影响，是信息技术与教学过程的全面深度融合，是教与学的双重变革。构建高等教学课程为专业服务的教育理念，设置满足专业教学需求的课程内容，选取符合高校大学生学习特点与认知水平的教材已成为必然。

本书从实用性出发，力求体现以应用能力为核心，理论和实践并重，针对目前我国国内高校大学生管理中出现的问题展开详细说明，并在此基础上，探讨在信息化背景下能够促进高校大学生管理工作创新的有效策略。本书首先介绍了高等教育改革及其信息化发展，其次详细地分析了信息化教育资源的开发、信息化教学过程的实施、高校信息化教学应用建设以及信息化教育管理，最后对互联网信息时代高校教育管理模式创新作出详细的探讨。本书理论与实践兼备，可作为高校大学生管理工作者的参考读物。

由于成书时间仓促，加上笔者水平有限，书中难免存在不足之处，恳请有关专家、学者批评指正，以供日后改进。

目 录

第一章　高等教育改革及其信息化发展 ……………………………………… 1
第一节　教育信息化的内涵及其实现方法 ……………………………… 1
第二节　教育信息化与教育改革 ………………………………………… 9
第三节　教育信息化与高等教育发展 …………………………………… 14
第四节　高等教育信息化的特征 ………………………………………… 20
第五节　高等教育信息化的要素分析 …………………………………… 22

第二章　高校信息化教学应用建设 …………………………………………… 26
第一节　网络教学系统的应用建设 ……………………………………… 26
第二节　精品课程录播教室的建设 ……………………………………… 36
第三节　多媒体综合教室的建设 ………………………………………… 45
第四节　闭路电视系统的建设 …………………………………………… 63
第五节　高校外语调频台的建设 ………………………………………… 78
第六节　教育技术多元化创新 …………………………………………… 82

第三章　信息化教育管理 ……………………………………………………… 90
第一节　数字化教学中的管理与评价 …………………………………… 90
第二节　数字资源与教学过程管理 ……………………………………… 96
第三节　教育信息化的领导与督导 ……………………………………… 101

第四章　教育信息化背景下高校大学生事务管理机制的构建 …………… 113

第一节　高校大学生事务管理信息化的内涵 ………………………… 113
第二节　信息化发展对高校大学生事务管理的影响 ………………… 128
第三节　教育信息化背景下高校大学生事务管理机制构建路径 …… 134

第五章　教育信息化背景下高校行政管理机制的构建 ………………… 144

第一节　高校行政管理相关概念及理论基础 ………………………… 144
第二节　信息技术在高校行政管理中的应用 ………………………… 148
第三节　教育信息化背景下高校行政管理机制构建路径 …………… 159

第六章　互联网信息时代高校教育管理模式创新 ……………………… 165

第一节　融入开放性的思想 …………………………………………… 165
第二节　坚持"以人为本"的理念 …………………………………… 167
第三节　提升教育服务意识 …………………………………………… 173
第四节　创新管理方式 ………………………………………………… 182
第五节　有效利用网络 ………………………………………………… 186

参考文献 ………………………………………………………………… 195

第一章　高等教育改革及其信息化发展

进入 21 世纪后,"信息时代""信息化"等词汇充斥于整个社会,可见信息对社会的影响之深、之大。面对扑面而来的信息化浪潮,教育系统正面临着严峻的挑战。现代信息技术进入教学,引起了教育系统尤其是高等教育系统的一系列巨大变化。本章主要对高等教育改革及其信息化发展的基本情况进行研究。

第一节　教育信息化的内涵及其实现方法

一、教育信息化的内涵

(一) 教育信息化的概念

"教育信息化"这个概念并不算新鲜,早在 20 世纪 90 年代就流行于我国教育界,然而国外很少使用这个概念,如美国使用的是"教育技术",还有的国家使用"信息与通信技术在教育中的应用"来表达和"教育信息化"相类似的含义。目前我国学界也没有统一界定"教育信息化"的概念。随着研究的深入,研究者从技术的角度理解教育信息化的概念,并逐渐转向了个体、观念、组织管理和制度方面,继而发展到系统的组织和机构层面。

教育信息化是针对教育教学过程中对信息的获取、传递、加工、再生和利用而言的,其以信息网络为基础,信息资源是核心,而信息资源和信息技术的广泛应用是目的。当然,信息化作为一个社会过程,必然也要受制于人们的观念、理想、意志、技能以及团体利益、社会组织机构等。因此,教育信息化应有与之相应的保障体系和保障机制。

综上所述,本书将教育信息化定义为"将信息与信息技术作为教育系统的一种基本构成要素，并在教育的各个领域广泛地利用信息与信息技术，促进教育的全方位变革"。

(二) 教育信息化的特点

作为教育现代化过程，教育信息化有以下几个方面的特点。

1. 教育信息处理数字化

在现代信息技术的支持下，信息处理只用1和0两个代码，处理的信息保真度高、存储量大，信息的处理速度快，处理系统设备简单、性能可靠，而且标准统一。

2. 教育信息传输立体化

在信息技术的软硬件支持下，教育活动时空不受或较少受到限制，通过网络立体化的教育信息传输，使得全世界的教育资源都连成一个信息海洋，网络用户都能使用到这些信息，从而实现了教育信息资源的共享。

3. 教育信息系统智能化

在多媒体计算机技术中，融入了现代人工智能技术，创立了智能化的教育信息系统，使得教学行为更加人性化，人与设备仪器之间的通信更加自然化，各种繁杂的教学任务更加代理化。

4. 教育信息呈现多媒体化

在多媒体技术的支持下，单一表征信息的媒体可以被整合起来，不但有文字、图片、声音，还有动画、录像、模拟等景象，使得教学内容更加生动化、形象化，更加吸引学生，更能调动学生的学习积极性。

5. 学生地位主体化

现代社会，学生主体观念深入人心，教育信息系统的智能化、信息呈现多媒体化和信息可扩充化等，使学生不再被动地学习，而是通过类似超文本/超媒体之类的电子教材和其他手段、工具就可以积极主动地建构知识，还可以与同伴或教师开展交流学习。

此外，教育信息化还呈现出教育资源全球化、教学个性化、管理自动化、教学环境虚拟化等特点。

(三）教育信息化的发展历史

1994年，我国开始进行教育科研网建设。1998年，国家开始兴办网上大学。

1999年6月，中共中央、国务院《关于深化教育改革全面推进素质教育的决定》提出，让学生学会使用网络。同年，教育部批准了67所高校开展现代远程教育试点工作。2000年，教育部发出《关于在中小学实施"校校通"工程的通知》，计划在2005年前东西部地区的中小学都要不同程度联网，计划在2010年前让全国90%以上独立建制的中小学校都能上网。2001年，中央广播电视大学和44所省级电大参与了1999年开始的现代远程教育试点，全国66所普通高等学校成立了网络教育学院，并设立相应的现代远程教育校外学习中心（点）。2002年，我国发布《教育信息化"十五"发展规划（纲要）》。教育部为了推动教育信息化的均衡发展，2003年实施农村中小学现代远程教育工程。据中国ICT产业权威的市场研究和咨询机构"计世资讯"统计，2003年，我国在教育信息化上的投资达到226.8亿元人民币。从2006年高等学校科技工作会议上获悉：我国超过90%的高校、35%的中等职业学校、38000多所中小学基本建成校园网。占高校总数10%~15%的校园网上还开展了远程教学、数字图书馆、网络课程和教学资源开发等应用项目，开始向数字化校园方向发展。2012年教育部发布《教育信息化十年发展规划（2011—2020年）》以来，以"三通两平台"为主要标志的各项教育信息化工作取得了突破性进展，全国中小学校互联网接入率已达87%，多媒体教室普及率达80%。

（四）教育信息化的理论基础

1. 学习理论

学习理论从巴甫洛夫的经典性条件反射学说开始，已经历了100多年的发展，其间有学者从不同的角度不断对其进行诠释与完善，从而形成了众多流派，其中影响较大的有行为主义学习理论、认知主义学习理论和建构主义学习理论等。同时，这些理论在形成与发展的过程中，对学校的教育教学活动产生了重要影响，是教育信息化的重要理论基础。

行为主义学习理论出现于20世纪初，对外部环境的作用非常重视，并着重强调了"强化"在刺激—反应过程中的重要作用。行为主义学习理论的代表人物有巴甫洛夫、华生、桑代克、斯金纳和班杜拉等，他们都形成了独具特色的行为主义学习理论。在行为主义学习理论中，对现代信息技术教育具有重要影响的主要是斯金纳的操作性条件反射理论，而且在当前，斯金纳的程序教学和机器教学原理已经在计算机辅助教学中得到了广泛的运用。

认知主义学习理论认为，学习并不是机械的、被动的"刺激—反应"的连接，而是建立和组织认知结构的过程，即利用外来的刺激将新知识同化到原有的认知结构中。认知主义学习理论是从格式塔心理学起源的，代表性的人物有魏特海默、科勒、托尔曼、布鲁纳、奥苏贝尔和加涅等。

建构主义又称结构主义，这一理论认为学习是学习者进行知识结构建构的过程，学习者需要进行合作学习，教师是学生学习的合作者和促进者。在建构主义学习理论的影响下，目前已经开发出的教学方法有支架式教学、随机进入教学和抛锚式教学，其中以支架式教学的影响最大。建构主义学习理论的出现，极大地促进了以多媒体技术为基础的计算机辅助教学和网络教学的发展。同时，建构主义教学理论对师生、生生间的相互作用与合作学习的重视，促进了基于网络的协作学习的发展。

2. 传播理论

传播理论是现代信息技术教育的一个重要理论基础，其中的教育传播对现代信息技术教育的发展更是有着重要的指导意义。教育传播要获得好的效果，就必须遵循一些原理，具体来说有以下几个原理。

(1) 信息来源原理。一般情况下，权威之人或是有信誉之人所说的话更容易被人们所接受，因此教育传播的效果与资料来源有着密切的联系。在教育传播中，作为教育信息重要来源的教师，要切实树立起自己的良好形象，以便被学生所认可和接受，同时要尽可能保证教学中所用的相关资料都有正确、真实、可靠的来源。

(2) 重复作用原理。通常情况下，人们很难一次就记住所有需要记住的东西，而是需要不断对其进行重复。所谓重复作用，就是在不同的场合或用不同的方式对同一个概念进行重复呈现。

(3) 共同经验原理。教育传播从本质上来说就是传递与交换信息，而教育者和学生只有具有共同的经验范围，才能保证教育传播有良好的效果。

（4）抽象层次原理。据相关研究表明，符号具有越高的抽象层次，就越能简明地对更多的具体意义进行表达，但对其理解时也很容易产生误会。因此，在教育传播中，要保证各种信息符号的抽象程度在学生能够理解的范围之内。

教育传播并不是静态的，而是动态的，且是一个连续的过程。一般而言，一个完整的教育传播过程包括确定信息、选择媒体、通道传送、接收与解释、评价与反馈、调整再传送等环节。

在计算机和信息技术快速发展的现代社会，教育传播理论的产生与发展极大地促进了以计算机网络等为载体的远程教育的发展。当前，远程教育的发展速度不断加快、规模不断扩大，并日益成为学校进行教学以及人们进行学习的重要方式。

3. 教学理论

教学理论主要关心的问题是怎样教？这也是教学理论的核心问题。但教无定法，每个教师不能期待教学理论对他们的教学起到万能的作用，教学理论唯一能够给每个教师提供的就是教学的理念和框架。教学理论主要有斯金纳的程序教学理论、奥苏伯尔的有意义接受学习理论、布鲁纳的认知发现教学理论。

斯金纳程序教学理论的基本思想是：对学生的学习结果必须给以及时的强化，这样可以鼓励学生继续学习下去。程序教学中的机器教学是计算机辅助教学应用的前身，深刻地影响了计算机辅助教学的产生和发展。斯金纳的程序教学开创了基于技术的个别化学习的局面，为当今信息技术条件下的课程教学提供了可以借鉴和研究的实例。

奥苏伯尔认为，学生的学习如果要有价值的话，应该尽可能地有意义。接受学习如果是有意义的，就是有意义学习。要使接受性的学习有意义，就必须符合有意义学习的条件。因此，学生的有意义学习也是一个主动的过程，这可以促使教师在教学中避免传统接受教学中的"满堂灌"的做法，代之以少而精的讲授。这些都有利于学生掌握丰富完整的知识体系。

布鲁纳认为，学生的心智发展虽然有些受环境的影响，但主要是遵循他自己特有的认知结构。教学就是帮助学生认知的生长。教师的任务，就是要把知识转换为一种适应正在发展着的学生的某种心智形式。布鲁纳的教学论思想为学前教育、学龄初期教育的研究和改革提供了依据，开拓了思路。但是，他的"任何学科基础知识可以教给任何年龄的学生"的假设，由于缺乏令人信服的实验和实例支持，而成了留给教育家研究的一个重大课题。

二、教育信息化的实现方法

（一）信息素质的获取

由于信息素质不是与生俱来的，是经过培训和教育获取的，所以信息素质教育是信息消费者获取信息素质的主要途径。信息素质教育解决了信息消费者获取信息消费理论与方法的问题，但理论与方法最终要用到实践中，在实践中得到检验。信息素质教育首先在美国兴起，因为美国是信息生产和消费大国，是世界上最大的信息生产国家，同时又是世界上最大的信息消费国家，国民的信息素质教育比较高。

1. 大学生信息素质的获取

一般来说，可以通过以下途径来培养、提高学生的信息素质。

（1）一般教学过程信息素质培养。

第一，重视信息意识和信息观念的培养。这是培养大学生信息素质的关键。要解决这一问题，应从两个方面着手：一方面是要提高教师的信息意识和信息观念，并以此影响学生的学习，让大学生逐步摆脱对于教师面授辅导的依赖；另一方面是要提高学生的信息意识和信息观念，只有解决了大学生的信息意识和信息观念问题，才能从根本上解决目前教学过程中大学生对教师过度依赖问题，转而依靠多种媒体教材、网上教学资源开展自主学习。

第二，加强对学生信息技术的培养。随着信息技术的发展，世界上几乎所有的国家都开设了信息技术方面的课程，专门开设信息技术课程是培养学生信息素质的主要途径。

第三，创造良好的条件和环境。要着力创造条件以培养大学生获取信息、利用信息、创新信息的能力。此外，还须加大资金的投入，提供信息化教育所需的、起码的物质基础。

（2）文献检索教学。文献信息检索课程的培养目标是提高大学生获取信息以及应用信息技术的能力，课程内容注重信息技术的运用尤其是利用计算机网络获取文献信息资源的途径和方法，课程的方向是网络教学。以素质教育为目标的文献信息检索课程将成为素质教育的重要手段。

首先，单独作为一门课程。文献信息检索课程将与信息素质教育有关内容以课程形式，由教师讲授并指导实践。教师应在教学活动中要求大学生掌握相应的信息应用技术和技能，以便能解决实际问题。

其次，在专业课中加入信息素质的内容。将学科内容与信息技术相结合，通过学习掌握本学科领域的信息源、信息评估标准等。教师还可以结合实际，以学科信息的获取、处理加工、交流传递和利用为出发点培养学生的信息意识。

最后，作为图书馆读者培训的一部分，通过图书馆员讲座、培训、一对一辅导等形式开展。这种方法的优点是图书馆员有较高的主动性，可以按照自己的经验设计课程，得到第一手大学生信息能力的数据。

（3）实践中自学。除了可以从一般教学过程和文献检索教学中获取信息素质之外，大学生还可以通过实践中自学的方式获取信息素质。在一般教学过程和文献检索教学中获取了一定的信息素质之后，如果没有从事过信息检索的实践活动，那么，所获取的信息素质仅仅是理论上的知识，没有实践经验的积累，学生依然很难检索到实际需要的信息和知识。

2. 教师信息素质的获取

教师具体应具备的信息素质包括有强烈的信息意识，对信息有较高的敏感度，能够有效地吸收、存储、快速提取和发送信息，能准确、高效地解读信息和批判性地评价信息，能对相关信息进行有效整合，有较强的信息道德意识和信息安全意识。教育信息化的关键是教师信息素质的提高，而加强教师信息技术培训则是提高教师信息素养的必由之路。政府不仅重视设备、资源的信息化，更重视教育思想、教学方法和教学理念的更新，把教师信息技术的培训作为教育现代化的一个重点工作来抓，使广大教师能够真正在现代教育观念下使用现代教育手段和教育资源来进行教学，革新教学模式，从而成为教育改革的切入点。

(二) 建设校园网

1. 校园信息化为提高学生信息素质提供良好的环境

校园信息化是指以校园网为背景的集教学、管理、娱乐于一体的新型信息化的工作、学习和生活环境。在校园中，无论教师还是学生，使用网络更加便利，时时处处感受到信息社会带给他们学习、生活上的方便。校园信息化的突出特点体现在三个方面：网络化、智能化及个性化。随着信息技术的迅速发展与广泛应用，校园网作为数字空间中学校与外界沟通的窗口，已逐步成为学校在虚拟电子世界中的地位和形象的重要代表。通过校园网，不仅能够及时地向社会展示学校的教学、科研和社会服务等方面的最新成果，而且还有利于外界对学校的了解，并以此促进教育信息化的实现。

2. 建设校园网是校园信息化的基础

所谓校园网就是利用先进的技术构建安全、可靠、便捷的信息传输线路，规划综合管理系统的网络应用环境；利用全面的校园网络管理软件、网络教学软件为学校提供教学、管理、决策三个不同层次所需求的数据、信息和知识的基于 Internet/Intranet 技术的大型网络系统，并建立适应多媒体教学所需要的宽带多媒体校园网。信息化校园可实现学校的现代化管理，通过校园教育信息管理系统可以实现信息资源的高度共享，实现校园管理现代化，实现全校的教学、财务、设备及学生的统一管理。

(三) 多媒体课件教学

多媒体课件是利用计算机将教学所需要的文本、图像、动画、声音、视频等多媒体信息按照一定的教学策略、教学方式组合而成的教学程序，它是一项复杂的系统工程。运用计算机作为信息储存设备和课件制作平台，利用网络系统及计算机辅助设备（如扫描仪、数码照相机等）收集大量信息，有助于教师有意识地精选课堂内容，突出重点，节省学时。一个好的多媒体课件能使学生的联想思维活跃起来，在开阔思路、活跃思维、锻炼分析能力和判断能力以及提高教学效益、学习质量、智能发展、教与学的关系融洽等方面都具有突出的优势。课件的设计包含很多方面，如课件的提出、课件的制作分析、课件流程的设计、课件的编码（具体制作）、课件的测试、课件的修改维护等。

第二节 教育信息化与教育改革

一、信息技术环境下的教育信息化

信息化是将信息构成某一系统、某一领域的基本要素，并对该系统、该领域中信息的生成、分析、处理、传递和利用所进行的有意义活动的总称。对信息的生成、分析、处理、传递和利用被称为信息技术。所谓教育信息化，则是指将信息作为教育系统的一种基本的构成要素，并在教育的各个领域广泛地应用信息技术，促进教育现代化的过程。

关于教育信息化的概念，当今学术界还没有一个统一的观点。由于学者的研究角度不同，其对于教育信息化的定义也各不相同，可谓见仁见智，众说纷纭。

二、信息技术对传统教育的革新

现代信息技术运用于教育领域，对"读、写、算"这一传统教育的"三大基石"产生了巨大冲击，导致传统教育教学从内容到形式都发生了新的变化，具体表现为以下几个方面。

(一) 教育形式开放化

在现代信息技术支持下，特别是网络技术的发展和广泛使用，不但扩展了教育资源的使用范围，提高了教育资源的利用率，而且还打破了教育资源的时空限制，改变了传统单一的面对面的教学形式，使远程教育成为现代教育的一个重要组成部分。

(二) 教育资源共享化

现代教学中，教学内容和资源不仅以多媒体形式存在，而且大量内容和资源经数字化后储存。数字化资源的共享不再局限于小范围，而是在更广泛的范围内共享，甚至实现全球资源共享。

(三) 教育手段多样化

利用现代信息技术，教学活动可采用多种教学方式，如采用多媒体课件教学和自学、投影教学、利用网络进行远程教学等。这些教学形式和手段主要是根据教学内容选择，从文字、图表、动画、声音等多个角度去刺激大学生，加深大学生对新理论、新知识、新观点的理解、记忆、思考和掌握，最大限度地调动大学生的求学、求知兴趣，激发其学习的积极性、主动性和创造性，促进大学生综合素质的全面提高。

(四) 教育内容多元化

信息技术在教育中的应用给传统教育内容的结构带来了强大的冲击，这主要表现在以下几个方面。

首先，强调知识的内在联系、基本理论，与真实世界相关的教育内容变得越来越重要，而大量脱离实际、单纯的知识传授和技术培训的内容则成为一种冗余和障碍。

其次，教育内容的表现形式发生了很大变化，即由原来的文本性、线性结构形式变为多媒化、超链接结构形式。在信息技术的支持下，教学内容以及教学资料可以采用文字、图像、声音、视频、动画等媒体形式。

最后，现代教育技术能以最快的速度、最准确的信息、最灵活的方式和最佳的效果更新教学内容，使教学内容始终保持科学性、新颖性、系统性和综合性等特点，以适应培养高素质人才的需要。

(五) 教育过程个性化

首先，在现代信息技术支持下的教学中，教师在组织教学时呈现出个性化的特点，教师可以根据教学内容、教学对象、个人的习惯和技能等，选择有个性的教学方法。

其次，现代信息技术为大学生的自主学习提供物质条件和技术保障。在教学过程中，大学生可以根据自己的学习情况和需求决定学习的内容及其顺序，决定学习的时间，成为学习的主人。大学生的学习具有鲜明的自主性和个性。

(六) 管理模式丰富化

信息技术的崛起对传统的教育管理模式发起了挑战。如果说传统的教育管理（特别是学校管理）是在校园的四角天空中进行的，那么信息社会的教育管理就超越了时空的限制，而在信息可以到达的领域任意驰骋。信息的共享性给教育管理带来了无限生机，可以由无到有，由少到多，由单一到多样，由落后到先进。可以说，管理者需要了解什么样的理念、方法、策略、变化趋势等，都可以从网上获得。同时，管理者所面对的被管理者也同样具有这种机遇。管理内容的丰富性、价值标准的多元性、传播渠道的多样性、信息的质和量的变动性等，要求教育管理变得更具有专业性、灵敏性和技术性。

此外，由于计算机的使用以及网络的实现，信息不再具有独占性，信息的流动性急剧增强，这使得学校行政管理工作一方面要加强保密工作，另一方面又得考虑如何利用信息技术产品来传播自己想要传播的信息。人们获取信息的途径增多，学校工作的透明度加大、规范性增强，这也必然要求学校行政管理人员改变自己的管理态度与管理方式，从而增强工作程序的规范性与工作方式的民主性。

三、信息技术环境下教育改革的注意事项

教育信息化虽然展示了未来教育的美好前景，但是我们必须清醒地认识到，信息技术的应用不会自然而然地创造教育奇迹，它可以被用于促进教育革新，也可以被用于强化传统教育，因为任何技术的社会作用都取决于它的使用者。我们的观点是，教育技术改变了，教学方法也得相应变革，而教学方法的选择是由教师的教育观念所支配的。如果说信息技术是威力巨大的"魔杖"，那么教师就是操纵这个魔杖的"魔术师"。因此，对于我国广大教师来说，面对汹涌而来的教育信息化浪潮，认清教育改革的大方向，从战略高度来理解教育信息化的重要意义，是十分必要的。

现代信息技术为教育革新带来了很多可能。但是我们也应该清醒地看到，教育信息化也给教育带来了严峻的挑战，甚至隐藏着许多风险。近年来，我国在教育信息技术方面的投入很大，如何让这些投入真正发挥作用，

让信息技术在教学过程中得到有效的使用,为此,应该注意以下几点。

第一,防止将信息技术设备空置不用,尽量让广大教师和大学生多使用已有的设备。大家都知道,现代信息技术设备不比古董家具,如果不用它们,原封不动地放在那儿,几年以后就会成为一堆过时的废物。所以,学校要采取鼓励性、开放性的措施,提高信息技术设备的利用率。

第二,避免信息技术的盲目滥用。信息技术的最大教育价值在于使大学生获得学习上的自由,变被动的接受式学习为主动的探索式学习。如果一味地采取传统的灌输式教学,只是将电脑作为"电灌"的工具,不仅很难发挥新技术的特长,还可能造成适得其反的后果。要解决这个问题,很大程度上与教师培训相关。国外一些研究报告指出,合理、有效地使用计算机的最大障碍是教师培训的不足。

第三,注意系统的功能性开发。这需要加大应用软件配置、信息资源开发、人员培训方面的投入强度。

四、信息技术环境下教育的新形态——信息化教育

所谓信息化教育,就是在现代教育思想和理论的指导下,主要运用现代信息技术开发教育资源、优化教育过程,以培养和提高大学生信息素养为重要目标的一种新的教育方式。

(一) 信息化教育的特征

信息化教育具有如下特征。

1. 以现代教育观念为指导

现代教育观念是在传统教育观念的基础上发展起来的,随着社会需求所决定的教育价值取向的变化,教育观念也发生改变。现代教育观念强调教与学的辩证统一,既重视教师教的作用,也重视大学生学的作用。现代教育观念指导下的教学不再停留在封闭式的知识和技能传授上,而是以素质教育为指向,强调创新精神与实践能力的培养。

2. 以新型教学模式为核心

信息化教育以基于现代教育技术构建的新型教学模式为核心。在信息化教育中,大学生、教师、教学信息、学习环境等因素相互作用、相互联

系，构成一个开放的、系统化的信息化教学模式。在信息化教育的新型教学模式中，大学生是整个教育活动的主体，是认知结构的主动建构者，而不是外部刺激的被动接受者和被灌输对象，教学目标的确定、教学过程的设计、教学资源的选择与组合，都是以大学生为中心的。

3. 以现代信息技术为支撑

信息化教育必须以现代信息技术为支撑。通过多媒体技术、计算机技术和网络技术，以学习者最容易接受的方式呈现信息，以最快捷的方式传递信息，以最符合人的思维规律和思维习惯的方式处理信息。

4. 以丰富的教育信息资源为基础

信息化教育中，教学资源是关键，特别是利用超文本、超媒体技术建立起的教学内容结构化、动态化、形象化的教育资源尤为重要。

(二) 信息化教育的目标

信息化教育以素质教育为最高目标，因而信息化教育的目标是培养面向21世纪、能够参与国际化竞争的人才和具有创新精神及实践能力的劳动者，进而提高全民族的综合素质，加速弥合与发达国家之间的"数字鸿沟"。

1. 培养学习者的信息素养

信息化教育的首要目标是提高学习者的信息素养。信息化教育中的信息素养目标主要包括信息意识、信息道德、信息法规与信息能力等几个方面。信息化教育应该培养学习者利用信息系统主动获取信息的能力、对信息进行分析和评价的能力、对信息进行处理和运用的能力，并帮助学习者养成良好的信息伦理道德观念。

2. 培养学习者的创新精神与实践能力

首先，信息化教育是以培养人的创新精神和创新能力为基本价值取向的教育。创新性与主体性密不可分，创新精神是主体性体现的最高层次。信息化教育应充分发挥大学生的主体作用，通过大学生主动地思考、探索、发现、创造，使他们成为现在的学习主人。其次，信息化教育以现代教育技术为支撑，强调信息技术与学科课程教学的有机融合，强调要把信息技术作为促进大学生自主学习的认知工具和情感激励工具，利用信息技术所提供的自主探索、多重交互、合作学习、资源共享等学习环境，把大学生的主动性、积极性充分调动起来，使大学生的创新思维与实践能力在整合过程中得到有效的锻炼。

3.培养学习者的自主学习能力与协作学习能力

自主学习能力与协作学习能力的培养也是信息化教育的重要目标之一。信息化教育让大学生真正成为学习的主体，让大学生积极主动地参与教学活动，并进行学习实践。

在信息化教育中，现代信息技术的应用改变了大学生认识事物的过程，改变了传统的教学模式，能产生由大学生控制的非线性的发现式学习环境，更利于大学生的自主探索学习和培养大学生的自主学习能力。

信息化教育中，现代信息技术尤其是多媒体和网络通信技术的应用，为实现协作式学习、培养学习者的合作精神与协作能力提供了良好的技术基础和支持环境，极大地扩充了协作的范围，有效地推动了学习者协作学习能力的培养。

4.培养学习者终身学习的能力

在信息化教育中，以网络技术、多媒体技术及计算机技术为代表的信息技术为终身学习理想的实现提供了一个全新的教育平台，终身教育正在由理念变为现实。信息化教育秉承终身学习的理念，不仅要求教师在课程教学中注重大学生终身学习能力的培养，教会他们学习的方法和技能，同时还要营造一个宽松、和谐、民主的文化氛围，以利于进行终身学习。

第三节　教育信息化与高等教育发展

改革开放以来，党和国家始终将教育放在优先发展的战略地位，并促使高等教育充分发挥其在人才培养和科技创新方面的急先锋作用。而高等教育要充分发挥自己的这一作用，就必须在发展的过程中紧跟时代，以确保培养的人才符合社会发展需要。自20世纪90年代以来，教育信息化在教育改革领域受到了越来越多的关注，并使教育改革收到了良好成效。面对这一现状，高等教育在发展的过程中也将教育信息化作为发展主流。截至目前，高等教育信息化发展既取得了不少成绩，也存在一些问题，在未来还需进一步对高等教育信息化的发展路径进行深入探讨。

一、高等教育信息化的发展现状

(一) 高等教育信息化取得的成果

就当前而言，高等教育信息化建设取得的成果主要有以下几个。

1. 高等教育信息化的基础设施建设基本到位

当前，高校信息化基础设施建设获得了长足发展，无论是计算机数量还是网络覆盖情况都有了很大的提高。特别是在社会移动网络迅速普及的情况下，高校的互联网接入覆盖的范围越来越广，所有的学校都已经连接了互联网。这表明，大学生越来越依赖互联网，尤其是在线学习的发展，更是以前所未有的态势冲击整个高校网络。这就要求高校校园网络必须保持畅通，若是存在拥堵现象，势必会影响学习资源的利用。因此，高校在今后进行教育信息化建设时，要始终将网络扩容和升级作为一项重要的工作。

2. 高等教育信息化的安全工作得到了越来越多的关注

高等教育信息化的建设与发展对网络有着很大的依赖性，而网络并不是完全安全的，存在的一些漏洞可能被一些有心人利用，继而造成巨大损失。因此，当前的高校在教育信息化的发展过程中越来越重视信息化安全工作，几乎所有的高校都成立了信息化安全工作小组，并积极采取有效的措施以确保信息化的顺利开展。

3. 高等教育信息化应用系统涵盖了越来越多的业务

目前，高校信息化应用系统已经涵盖到教学、科研、管理等学校的主要业务上。在各高校的综合管理信息化进程中，各个种类的应用系统建设层出不穷，不断更新换代。这些应用系统主要以校务核心业务为主，包括公共信息服务平台系统应用、教务教学管理系统应用、科研管理系统应用、后勤管理信息应用等，并且在各个应用的发展中也出现了资源整合、业务融合的趋势，这将有助于未来体现融合意志的统一身份认证、数据共享平台、信息门户等相关的系统逐渐走进高校信息化舞台中心。

4. 高等教育信息化系统日益重视数据的共享与交换

数据共享的建设是信息化工作发展到一定阶段的需要，数据共享环境的好坏直接影响到以此为基础的教学、科研、管理、社区服务等方面的信息化工作。因此在当前,不少高校开始探索信息系统的数据共享与交换。

5. 高校越来越重视信息门户系统的建设

高校信息门户是面向高校教师、大学生、职员和校友的大型专用网站。现阶段的门户技术包括统一用户认证、集成服务、安全访问控制和授权管理等。部分高校的信息门户实现了应用集成和信息集成,可进行内容管理与知识管理,并为各类用户提供业务操作的统一入口。目前,有一些高校已经开始在探索更高层次的数据集成和云服务应用集成,以便更好地对信息门户进行开发与维护。

6. 高校信息化相关部门日渐融合与完善

随着信息技术的发展,高校信息化相关部门率先开始了机构重组和流程改造。当前,所有高校都已经设立了专职信息化管理的部门,负责规划制定 IT 项目与经费管理、院系部处信息化关系协调等工作。所有这些都表明,高校信息化相关部门日渐融合与完善,这对于高等教育信息化的进一步发展具有重要的作用。

7. 高等教育的信息化经费投入趋于稳定

在当前,高等教育的信息化专项经费与常规经费基本保持稳定并略有增长趋势,这使得高等教育的信息化建设水平得到了很大提升。而高等教育信息化建设资金的来源,主要是专项财政预算资金和单位自筹资金。

(二) 高等教育信息化存在的问题

在当前,高等教育的信息化建设虽然取得了一定成果,但也存在不少问题,具体如下。

1. 对高等教育信息化的重视不足

由于各种主客观条件的限制,相关部门未能给予高等教育信息化足够的重视。具体来说,随着社会信息化、现代化的快速发展,一些地方和部门没有及时制定和调整与经济发展相适应的高等教育信息化的实施办法,导致地方政府对高等教育信息化建设经费总体投入不足,而有相关经费支持计划的地方政府由于缺乏持续性、长效性投入机制,导致高等教育信息经费长期使用不合理。长此以往,高等教育信息化发展必然受到严重影响。

2.高等教育信息化建设管理机构不够完善

高等教育信息化不断发展和深入，但一些地方教育部门及高校的信息化管理和推进机构体系并没有建立完善，缺乏系统的规划和管理。具体表现为建设与管理条块分割，缺乏有效的统筹协调和统一管理，在管理过程中权责划分不明确，多头进行管理，造成行政审批烦琐、办事效率下降；战略研究、咨询机构少之又少，监管和评估机制也不完善。

3.高等教育信息资源存在不少问题

教育信息资源是高校信息化的重要组成要素，因而在高等教育信息化发展中起着非常重要的作用。所谓高等教育信息资源，就是用于教育和教学过程的各种信息资源，经过人类选取、组织的序化并适合学习者有效发展的有用信息的集合。目前，我国高等教育信息资源还存在不少问题，具体表现在以下两个方面：

（1）观念落后。许多高校还没有高度重视信息资源建设，存在信息资源可用性不强、信息资源不共享、信息资源时效性太差的问题。各个资源库的信息整合往往是信息大杂烩的拼盘，追求资源库的大、广，想要在纷繁复杂的资料库里找到需要的东西费时费力。缺少"精心准备"的信息资源，资源内容与实际需求有一定差距，资源的可用性不强；各高校、各部门之间的信息资源建设没有统一的标准，没有通用的数据接口，很难实现不同平台的教育信息资源共享，相互之间仅仅能看到一部分信息资源，"统一标准"的难产严重制约了高等教育信息化的进程。另外，信息资源时效性太差，信息资源库不能做到实时更新，有些高校的信息资源库最新的内容可能是一年前更新的，"过期"的高等教育信息资源早已脱离现实情况，其使用效果可想而知。

（2）管理薄弱。由于没有给予足够的重视，高校信息资源管理队伍和管理工作比较薄弱，加上相关政策、法律的缺失致使信息资源的管理缺乏系统性和计划性。

4.高等教育信息化人才缺乏

高等教育信息化的顺利建设与实施，离不开大量的信息化人才。也就是说，高校必须注重教育信息化队伍的建设。

高校教育信息化队伍主要包括信息化教师队伍、信息化管理队伍和信息技术维护队伍。现代信息技术不断发展，各种信息网络的技术应用到社会生活的各个方面，并以惊人的速度不断扩张。虽然当前高等教育领域的现代信息网络建设已粗具规模，但专业人员队伍建设相当不足、成熟的人员培训与服务体系尚未形成。也就是说，我国高校教师队伍的信息素养能力还不能适应高等教育信息化发展的要求。这些问题在年龄较大的教师身上尤为突出，他们很少会使用高校新添置的现代信息技术设备，也很少能把现代信息技术和教学有机结合、合理利用。因此，高校只有积极培养真正具备信息素养能力、能够熟练掌握现代信息技术的教师，才能推动高等教育信息化不断深入发展。

二、高等教育信息化进一步发展的策略

高等教育信息化是一项系统工程，需要经过较长时期才能不断得到完善。针对高等教育信息化建设存在的问题，应积极采取以下几个策略来推动高等教育信息化的进一步发展。

（一）为高等教育信息化的发展营造良好氛围

人们对高等教育信息化的重视程度，影响国家高等教育信息化的发展方向，各级政府应从体制改革和经济投资入手，为高等教育信息化营造良好的发展氛围。具体而言，可从以下几个方面着手。

第一，各级政府要做好高等教育信息化相关工作的宣传，对高等教育工作进行整体安排、做好高等教育信息化工作的总体规划，加大对高等教育信息化的投资力度，引入市场竞争机制，将高等教育信息化管理投放到市场，充分发挥市场在信息资源中的调节配置作用。

第二，各级政府要注意建立专门的管理机构，如高等教育信息资源中心、高等教育信息培训中心、高等教育信息管理中心等，各部门分权分责协同工作，充分发挥各部门和整体的功能，以此推动高等教育信息化的进一步发展。

第三，各级政府要建立健全制度保障，建立完善的管理制度，尽快出台高等教育信息化工作的标准和管理规范。

第四，各级政府要加强高等教育信息服务系统建设，为学校提供完善的教学管理系统。

(二) 不断加强高等教育信息资源建设

高等教育信息化不仅需要互联网信息技术支撑，更需要用于高等教育信息化的各种高等教育信息资源。高等教育信息资源建设是一项长期的任务，是高等教育信息化的重要组成部分。具体而言，可从以下几方面着手进行高等教育信息资源的建设。

第一，政府应制定和落实高等教育信息化相关政策和法规，并推动各级教育行政部门和各级各类学校制定教育信息化优先发展的配套政策措施，对高等教育信息资源的生产、交换、分配和消费实施宏观调控与规范。政府还应建立一个统一的管理组织，或者鼓励第三方独立部门参与甚至主导高等教育信息资源建设工作，以确保高等教育信息的公正、客观。

第二，在网络管理方面要解决好信息资源短缺与用户需求增多之间的矛盾。互联网上各种教育信息种类繁多，大学生淹没在信息海洋里却常常找不到自己所需的信息，因此亟须建立一个经过加工处理、有序化、系统化的高等教育信息资源数据库，并提供给大学生。

第三，高等教育信息内容建设要重视收集和整理环节。信息收集要"广"，要收集"最新"的高等教育信息动态，收集过程中还要确保信息的准确无误，根据信息价值的高低快速为大学生提供最有用的信息。整理环节主要包括将收集来的信息进行筛选，留下最有用的信息，然后将这些信息进行分类，最终将这些信息储存下来，作为重要的学习资源。

(三) 不断提高高校教师的信息素质

就高等教育信息化的建设与发展而言，一个重要的环节就是不断提高教师的信息素质。具体而言，高校教师应具备的信息素质主要包括以下几个方面。

第一，对信息具有良好的自我意识和敏感度。

第二，能够全面、科学、深入地认识信息。

第三，能够熟练运用现代科技工具，以更加方便地获取所需信息。

第四，能够对信息进行有效的组织、分析与加工，并提炼出自身需要的信息，在教学实践中予以有效运用。

第四节　高等教育信息化的特征

祝智庭教授认为，对于教育信息化的特征，可以从技术层面和教育层面加以考察。从技术层面看，教育信息化的基本特征是数字化、网络化、智能化和多媒体化；从教育层面看，教育信息化的基本特征主要是指开放性、共享性、交互性与协作性。高等教育信息化是一种行业信息化，但高等教育是一种特殊的行业，有其自身的特征，本节主要从四个方面来分析高等教育信息化的特征。

一、强调教育与信息技术相结合，重视科学教育与人文教育的有机结合

现代化教育理论打破了"教育是非生产部门"的观念，从教育—专门劳动力的投入—产出这一关系的角度，把教育纳入社会再生产体系的结构之中。现代化的教育观认为，教育能生产出人的劳动力，教育是现代化大生产的必要组成部分，教育投资是生产性投资。因此现代化教育无论在数量方面的发展规模和速度上，还是在质量方面的培养规格、课程设置和教材内容上，都要和现代生产的要求相适应。信息技术是现代生产的推动力，人才是各国综合国力竞争的关键，信息化教育是培养信息技术人才的桥梁。现今，对教育进行投资必然包括信息技术的投入。信息技术是以计算机、多媒体和网络为代表的高科技产品，是对数字信息进行分析利用的手段。从发展的观点来看，教育应当是为经济和社会发展服务的，教育信息化是实现国家信息化的重要途径，是社会再生产体系新的组成部分，是现代化教育的突出特征。教育信息化不是机器化的、呆板的教育，而应当实现科学教育和人文教育的有机结合。华中师范大学傅德荣教授认为，教育信息化可以达到省力化、机器化的效果，但这不是教育信息化的目的。从古至今，人文教育始终是教育体系的重要组成部分，我国的教育具有人文关怀的传统。教育信息化应当实现科学与人文融通，在运用高科技教学手段传输知识的同时，体现人文精神，让没有生命的机器变成有生命的良师。

二、全方位、开放性是一个全方位的、开放的过程

耗散结构理论认为，只有开放系统才可能走向有序（进化），封闭系统只可能走向无序（退化）。一个社会系统只有与外界不断交换物质、能量、信息，才能得到进步与发展。信息时代的主要特征是数字化、网络化。教育是社会系统的子系统，在信息化和网络技术高速发展的推动下，教育系统完全突破了国家的界限，实现了教育交流的无国界性，即教育资源全球化、网络化、多样化、开放化是教育信息化这一社会过程的特征。教育信息化的重要手段是网络技术的运用，网络是当今最为开放的系统，具有公开性、快速性、广泛性等诸多特点。通过网络技术的运用，在国际层面上，教育信息化使教育资源得以在全球范围内共享，弥补了发达国家与发展中国家在教育手段上的巨大差距，有利于发展中国家吸收借鉴先进的教育手段，掌握最新的发展趋势；在国内层面上，教育信息化使得教育对全社会开放，特别是对那些无法接受高等教育和专业技术教育的人来讲，实现了他们的梦想。此外，教育信息化还在一国领域内实现了学校之间、专业之间的全方位交流，这其中，特别是高校之间的横向联系，对于促进高校教育事业的发展具有重要的意义。

三、突出终身教育、学习社会化

教育信息化是教育多样性改革的产物。教育多样性有两种含义：一是允许和包容各种形式的教育，包括学校教育、在职培训教育、社区教育等，对不同形式的教育同等对待。二是学习和教育在时间和空间上具有弹性，形成终身学习、终身教育网络，培养规格和学习内容随社会需求结构的变化而自行调节。网络的普及为终身教育的实现带来了契机，学习者可以足不出户，不必按照传统的那种"日出而作，日落而息"的教育模式进行学习，而是可以通过网络课堂随时随地了解最新的学习信息，收集最新的学习资料。实际上，1970年以后，迈向学习型社会就已经成为世界主导性的教育思潮，各国相继展开终身学习、终身教育与学习型社会理论的研究和实践探索。学习型社会是指人人都能终身学习的一种社会，是社会发展的一种目标、一种结果。终身学习、终身教育、社区教育是学习型社会的基础，是迈向学习型社

会的重要途径和手段。从效用上讲，终身教育对实现高等教育和全社会教育的信息化、现代化具有积极的推动作用，这是因为终身教育倡导学习的终身制，倡导学习者学习的自主化，教育信息化正是为这种模式服务的，因而二者相辅相成。

四、在教学上具有创造性、灵活性和个性化

在教学指导思想上，教育信息化是把教学重点放在培养大学生个性的全面发展上，重视教师和大学生双方主动性的发挥，并以大学生身心的发展为教学的根本目标，通过教学来促进大学生的发展，同时又依靠大学生的智能提高和个性发展来推动教学。在教学内容上，教育信息化十分重视对课程和教材的改革，使课程设置和教材建设适应当代科技发展的新潮流，大胆吸收当今科技发展的新成果，特别是高等教育，其教材的更新周期日趋缩短，课程设置强调文理渗透，避免学科划分过细，要适应科研—教学—生产一体化和学科之间横向渗透与综合的大趋势，要提高综合学科和边缘学科在课程设置内部结构中的比重，大力拓展受教育者的智力空间和思维广度。在教学方法上，在提倡对传统教法进行改革的同时，教育信息化要更加强调对网络技术和多媒体技术的使用，并在各种教学活动中重视远程教育和课堂教育的最优化组合，注重提倡自学、贯彻启发、重视反馈、讲求效率。在教学组织上，灵活运用多种形式，改变单一的在校学习制，鼓励学习活动的社区化、家庭化、合作化。

第五节 高等教育信息化的要素分析

作为一个行业的信息化，高等教育信息化同样包含信息网络、信息资源、信息技术应用、信息技术产业、信息化人才以及信息化政策法规等六个要素。这六个要素是一个有机的整体，构成高等教育信息化体系。在这个体系中，信息网络是基础，信息资源是核心，信息资源的利用与信息技术的应用是目的，信息技术产业、信息化人才、信息化政策法规是保障。

一、信息网络

信息网络是高等教育信息化建设的重要内容，也是实现高等教育信息化的物质基础和先决条件。目前，我国已经建成并启用的中国教育科研网、高校"数字校园"建设工程以及应用于学校教学的普通电教室、多媒体综合电教室、计算机室、CAI 教室、网络教室、语言实验室、电子阅览室等都是信息网络基础设施建设的重要内容，这些基础设施的建设为我国的高等教育信息化奠定了基础。

二、信息资源

教育信息资源是用于教育和教学过程的各种信息资源。它的开发和利用是高等教育信息化的核心，也是高等教育信息化建设成败的关键。教育信息资源可分为以教育信息为核心的教育软件资源和以管理信息系统的基础数据为核心的教育管理信息资源两大类。其中教育软件资源包括以多媒体素材、各类 CAI 课件、网络课程等为主的多媒体教育信息资源，以教育信息资源的生成、分析、处理、传递和利用为主的各种工具资源以及 Internet 资源等。教育管理信息资源主要是指为实施现代教育管理而建立的以教育者、教育内容、教育对象、教育资源及其支持服务体系为主要内容的各类数据库资源等。

三、信息技术应用

信息技术在高等教育的应用是高等教育信息化建设的根本出发点和直接目的。有了信息网络和信息资源这些基础条件之后，信息技术在高等教育的应用便成为高等教育信息化的主角。可以说，教育信息化建设的效益主要体现在应用这一环节。在信息技术应用方面应主要做好四件事：一是进行与思想理论、学习方法密切相关的基础建设，因为它决定着信息技术教育应用的方向，直接关系到信息技术教育应用的质量和效果；二是建立与当地教育信息化建设环境、教育对象以及教育内容相适应的信息化教育模式；三是必须提高人们应用信息技术的兴趣与基本技能；四是在不同层次上开展信息技术与课程整合的理论研究与实践，并将其作为学校信息技术教育应用的主要任务。

四、信息技术产业

信息技术是指对信息的采集、加工、存储、交流、应用的手段和方法的体系。它的内涵包括两个方面：手段和方法。手段即各种信息媒体，如印刷媒体、电子媒体、计算机网络等，是一种物化形态的技术；方法即运用信息媒体对各种信息进行采集、加工、存储、交流、应用的方法，是一种智能形态的技术。信息技术就是由信息媒体和信息媒体应用的方法两个要素所组成的。信息技术的核心是信息的数字化、信息传播的网络化。信息技术是高等教育信息化的技术支柱，是高等教育信息化的驱动力。在高等教育信息化过程中开展信息技术研究不仅可以丰富高等教育信息化的研究内容，更重要的是可以将新的更加有效的物态技术和智能形态的技术应用于信息化教育中，以利于提高信息化教育的质量和效果。

信息技术产业主要指信息技术设备制造业和信息技术服务业。由于信息技术设备制造业的发展需要强大的技术和资金优势做后盾，因此，在我国的高等教育信息化过程中，信息技术产业的发展应由不同的社会部门分工协作来完成。其中教育信息技术产品的制造业应动员教育系统、科研院所和相关企业等互补性较强的部门共同参与，以便将教育系统从教育信息技术产品的开发中解脱出来，集中精力做好以教育信息资源的开发和利用为主的服务业。

五、信息化人才

高等教育信息化，人才要先行。为了实现高等教育信息化，需要培养大量掌握信息技术基础知识、具备信息技术应用能力的教育信息化人才。作为一个行业的信息化，高等教育信息化人才包含两层含义：一是通识型高等教育信息化人才，这是对教育领域从事教育、教学、管理及其他服务的各类人员而言的，是对该领域全体技术人员信息技术知识、能力和素质的共同要求；二是专业型高等教育信息化人才，主要是指专门从事教育信息物态化技术和智能形态技术的研究与开发、高等教育信息化建设、高等教育信息化应用和维护的专门人才。一般来说，对通识型高等教育信息化人才的要求，应具备基本的获取、分析和加工信息的能力；而对专业型高等教育信息化人才的要求更高、分工更细，可以是高级软件人才、网络工程师等。

另外，作为信息化人才培养重要基地的高等学校，一方面要关注高等教育行业的信息化，为教育信息化培养通识型教育信息化人才和专业型教育信息化人才；另一方面还要担负起为整个社会培养信息化人才的任务。

六、信息化政策法规

高等教育信息化是一项系统工程，为确保我国高等教育信息化工作的顺利进行，国家政府及相关部门必须为教育信息资源开发、教育信息网络建设、教育信息技术应用、教育信息技术和教育信息产业等各个方面制定一系列政策法规，以规范和协调各要素之间的关系。这既是高等教育信息化健康发展的重要条件和保障，也是开展高等教育信息化的依据和蓝图。只有这样，才能使高等教育信息化规范化、秩序化，从而推动高等教育信息化健康顺利地向前发展。

第二章 高校信息化教学应用建设

第一节 网络教学系统的应用建设

教育信息化建设已从基础平台建设逐步发展到应用平台建设。针对这种情况，高校信息化建设应该集中精力开发基于教育城域网的解决方案，面向教学、培训和教研三大应用，整合优质教学资源，打破教育城域网原有产品用于网站、负责文件上传下达的简单功能。

一、网络环境建设

教育城域网的网络环境按其应用功能可分为四类：一是用于办公，如教师备课、文件上传下达等；二是用于通信，以网站为代表，融合了BLOG等技术；三是用于资源管理，现实情况是，高校建设时往往买了资源库，却没有本地资源进入，只能靠所购买资源库一年一两次的更新，无法与教学形成互动，四是用于视频教学，真实记录课堂教学全过程，并对此进行录播、直播和刻录输出，以实现资源共享，开展教学评估和教师培训。其中的视频教学网络环境又细分为三大类：一是公开课视频会议，二是精品课程录播，三是远程教学评估。

二、教学平台建设

什么是教学平台？传统的黑板加粉笔的教学手段已无法适应当前大信息量的教学内容需求，虽然各高校纷纷建立多媒体教室，但是独立的多媒体教室并没有充分利用网络资源，仍然不能摆脱以教师讲课为主的学习模式。为适应社会经济和科技发展对高素质创造型人才的需要，必须创造一个在教师指导下的大学生自主式学习的环境。

当今，通信、网络和计算机技术的发展为教育发展提供了技术支持，迅猛发展的现代教育技术提供了教学模式改革所必需的技术支持手段，这种新的技术手段就是网络教学平台。从广义上讲，网络教学平台是指将网络技术作为构成新型学习环境的有机因素，充分体现学习者的主体地位。不管哪种定义，网络教学平台不排斥传统的教学方式，它的教学活动组织要在传统的课堂、网络等方面同时展开。网络教学平台的发展的意义在于能够打破封闭的教育环境，进而建立一种开放的教学与学习环境。它改变了那种以教师为中心的教育观念，实现了以大学生为中心，使教学成为在教师引导下交互式的双向活动。教师的角色由原来处于中心地位的知识的解说员、传授者转变为大学生学习的指导者、帮助者、促进者。大学生的学习方式在网络环境下摆脱了传统教学中以教师、教材、课堂为主要渠道接受知识的模式，大学生可以在多元化的学习环境中获取更多更有用的知识。

高校可利用传媒与通信技术构建网络教学平台，开展网络教学活动。主要有开路电视远程教育系统，Internet 教育系统，以卫星传输为主、互联网传输为辅的教育系统，双向 HFC 有线电视网络现代远程教育系统，视频会议系统等多种形式。

（一）基于传统电视的远程教育系统

利用卫星电视系统、有线电视系统、无线广播等大众传播媒介传播各类教育教学节目和社会科学教学节目，大学生则在各教学点或家里利用电视机收看。

（二）基于 Internet 的远程教学模式

该教学模式以其丰富的教学资源、方便的交互方式、迅速的反馈交流，正成为现代远程教育关注的热点。在 Internet 上，大学生和教师之间可以传输文字、图形、声音、图像等各种信息。它适合于异步讲授，个别化学习。

（三）基于电视与计算机相结合的远程教育模式

通过有线或开路电视系统，大学生可以直接获得比因特网上传输质量高得多的视频和音频信息；通过网络实现远程教学课件的浏览与学习，电子邮件可传送作业或答疑；或者利用卫星电视系统传输制作好的 CAI 课件，使大学生通过卫星下载有关的 IP 课件，利用多媒体计算机自主学习。

(四) 基于双向传输的 HFC 有线电视网络

用光纤和同轴电缆结合而成的 HFC（Hybrid Fiber Coax），这种融数模传输于一体、集光电功能于一身的网络结构，不仅使多频道的广播电视传输质量大大提高，更重要的是形成了一个性能优良、双向传输、多功能开发的网络平台。它通过利用 MPEG2 视音频编码压缩技术、DVB2C 数字广播技术，获得高质量视频、音频和数据服务，以保证教学过程的实时转播、实时交互与课堂交流。

(五) 视频会议系统

作为一种交互式的多媒体实时通信方式，视频会议系统使异地之间进行面对面的交流成为可能。它可以使处于不同地区的多个用户之间，利用先进的硬件技术来完成对视频与音频信号的压缩/解压缩处理，进而通过多媒体网络相互实时地传送声音、图像、文件等信息，使用户能够更方便、更大限度地共享各类信息。

通过网络教学平台，大学生在学习过程中可以突破传统教育空间的限制，在异地接受知识的传授，而不受区域和时间的限制。随着信息量的增大，大学生的视野也在扩大，大学生的学习方式、思维方式也逐渐地改变，大学生由被动的受教育者变为主动学习者，并向自主化和个性化发展。

三、教学资源库建设

教学资源是指支持教学的相关资源，大致分为教材、支持系统和环境，甚至涵盖一切有助于教学活动的事物。

教学资源数据库是教学资源库的核心。它分为三个层次，最底层是媒体素材库及索引库；在此基础上，还有积件库、课件库、题库、案例库及相应的索引库；最上层是网络课程库和索引库。

教师和大学生将自己的教学经验和学习过程（如大学生的电子作品集、教师和大学生的讨论过程）充实到资源库中，这些内容可以随着时间的推移不断地更新，进而使得资源库不断更新，建设成有本校特色的、个性化的、动态的校园网资源。

四、网络课件开发

网络课件的质量，不仅取决于制作课件的技术水平，还取决于教学内容的质量、学习内容的表现形式、学习方法的运用、学习策略的具体实施等因素。同时，开发网络课件需要运用教育学、心理学、计算机科学、美学和各专业学科等多方面的知识。因此，最好进行合作开发，以提高开发速度和开发质量。网络课件开发应考虑以下几个方面。

第一，课件的交互性。网络课件应该是最明显的"双主模式"的一种体现。因此课件设计时，应该考虑教师与大学生之间、大学生与大学生之间的交互。表现的知识应该是可操纵的，而不是教材的电子搬家。

第二，界面直观友好。软件界面要美观，符合大学生的视觉心理；操作要简单。

第三，创新能力培养。课件设计要能够让大学生在学习过程中进行积极的思考，而不是处于被动接受知识状态，从而培养大学生自主学习的能力和创新能力。

第四，科学原则。教育软件中所要表达的知识要具有科学性，措辞要准确，行文要流畅，符合知识的内在逻辑体系和大学生的认知结构。

第五，教学设计原则。要重视教学设计，即要注意分析学习者的特征，分析教学目标和教学内容的结构，要设计符合大学生认知心理的知识表现形式，设计能够有力地促进主动建构知识意义的学习策略。

第六，网络安全性的问题。由于课件在网络上运行，必须重视网络的安全保障，可为网络安装监控和防护措施。

第七，安全备份问题。对网络课程应该及时做好备份。

只有基于几个方面进行设计的网络课件，才算是较为完善的网络课件，将这些网络课件应用于高校的信息化建设中，必定会对教学过程起到非常重要的作用。通过网络课件的应用，可以向大学生演示和表达知识，辅助教师进行知识的传授。在很大程度上，可以帮助大学生巩固知识，诱导大学生积极思考，帮助大学生发现探索知识。此外网络课件除了教师在面授课可以用到之外，还可将制作好的课件上传到网上，供大学生下载之后自主学习。

五、多媒体课件开发

目前，教育正在走向信息化、现代化，多媒体技术、网络技术已经为越来越多的学校所采用，成为教育教学的支撑技术。教育技术的现代化正在改变着教学手段、教学方法，势必带来教学内容、教学观念的更新，教育教学的改革势在必行。多媒体课件的开发对于教育教学改革起到了很大的推动作用。

多媒体课件是一种根据教学目标设置的，表现特定教学内容和反映一定教学策略的计算机教学程序。它可以用来存储、传递和处理教学信息，能让大学生进行交互操作，并对大学生的学习做出评价。

多媒体课件的开发与一般计算机应用软件的开发过程大致相同，都要运用软件工程的技术和方法。但由于多媒体课件是面向教学过程的，因此，多媒体课件的开发并不完全等同于一般计算机应用软件的开发，需要充分考虑多媒体课件的特点、应用的教学情况，并在现代教育思想和教育理论的指导下，遵照科学的流程才能使开发的多媒体课件符合教学规律，获得最好的教学效果。另外，多媒体课件一般情况下是直接运行在 Internet 或 Intranet 上的，所以必须考虑其在低带宽下运行的流畅性，常用的解决方法是采用"流方式传输"。

综上所述，多媒体网络课件的主要特点是：体积小，传输速度快，功能强大；既可助教又可助学；信息量大，资源共享；实时交互性强，信息反馈快；高度模块化，灵活性强；可扩展性、移植性强；有网络监控和广播功能。

(一) 制作多媒体课件的基本要求

由于多媒体课件是面向教学过程的，具有教育性的特征，所以在制作时应该达到以下几点基本要求。

1. 正确表达教学内容

在多媒体课件中，教学内容是用多媒体信息来表达的。各种媒体信息都必须是为了表现某一个知识点的内容，为达到某一层次的教学目标而设计、选择的。各个知识点之间应建立一定的联系，以形成具有学科特色的知识结构体系。

2.反映教学过程和教学策略

在多媒体课件中，通过对多媒体信息的选择与组织、系统结构、教学程序、学习导航、问题设置、诊断评价等方式来反映教学过程和教学策略。一般在多媒体课件中，大都包含有知识讲解、举例说明、媒体演示、提问诊断、反馈评价等基本部分。

3.具有友好的人机交互界面

交互界面是学习者和计算机进行信息交换的通道，学习者就是通过交互界面进行人机交互的。多媒体课件中的交互界面多种多样，最主要的有菜单、图标、按钮、窗口、热键等。

4.具有诊断评价、反馈强化功能

由于计算机具有判断、识别和思维的能力，所以我们利用计算机的这些特点，在多媒体课件中通常要设置一些问题作为形成性考核练习，供学习者思考和练习。这样可以及时了解学习者的学习情况，并做出相应的评价，使学习者加深对所学知识的理解。

（二）多媒体课件的制作流程

多媒体课件是一种教学系统。它和通常的教学系统——课堂教学系统的根本目的是一致的，区别只在于所采用的形态不同。如何确定多媒体课件的教学目标、教学内容、教学策略，分析学习者特征，选择合适的媒体信息，实现教学过程的控制以及实现诊断评价，都是多媒体课件开发过程中教学设计环节需要解决的问题，合适的教学设计是多媒体课件成功的关键。其制作流程具体包括以下几个方面。

1.选题

选择开发多媒体课件的课题是整个课件开发的第一步，确定一个好的课题是至关重要的。选题的原则有：价值性，课题应选择较为重要的内容或急需的内容，以及较为抽象的重点和难点；主题单一性，课题内容尽量集中，涉及面不要太宽；课题表现性，在选题上应选择常规方法难以表现而又适合于计算机多媒体表现的课题，例如一些图片多、动画多、具有形象性的教材，适合于计算机模拟，直观性强，教学效果好。

2. 编制原则

一个好的多媒体教学软件（课件），必须具备以下编制原则：教育性，课题内容必须符合教学大纲，其表现形式必须符合教育心理学；科学性，课题中涉及的科学原理、定义、概念一定要准确无误，阐述的观点、论据和涉及的素材一定要真实、准确、标准化，并符合科学的逻辑；技术性，熟练掌握制作设备的各项功能；艺术性，编制的课件应具有艺术感染力，构图、色彩、美工设计、布光、组合等都应主题鲜明，从视觉和听觉上具有一定冲击力，逻辑思维应能引人入胜。

3. 可行性分析

确定课题内容时，一定要根据现有的技术情况、设备情况、资金情况来决定，没有把握完成的课题就尽量不要实施。

4. 策划

策划组建制作群：编制工作人员应由课题专业的教师与影像编程的专业人员组成，成立制作组，明确分工。在制作时需要各方面的技术人员、管理人员共同协作。

5. 开发计划

首先要确定整个课件有多少任务，将整个制作过程的进度排出计划，严格按计划表实施。

6. 编写脚本

课题选定后，必须先写出文字脚本。所谓文字脚本，简单的理解就是将画面与解说词对应地写出来，即把程序要完成的事情，用文字表达出来。脚本细致地描述了每个模块的实现过程，这是开发课件的依据。脚本要清晰易懂，且要指明程序中的重点和要点。

7. 编写方框图

为了编程能顺利地进行，还需编写编程方框图。根据文字脚本将每个页面所包含的影像、图片、动画、文本、解说、音乐、热区、事件、文字按钮、图片按钮、动画按钮、子页面的设定以及编程思路、页面链接一页一页地用几何图形表达出来。

8. 模板编程

当以上几个方面都完成后，即可进行各项工作。最好先进行模板编程。

也就是说，先根据文字脚本和编程方框图设计出各个页面。屏幕美工的设计在保持科学性的前提下，尽量提高艺术的整体性和同一性。还需考虑课件在完成后使用的载体，如多媒体课件主要用于多媒体投影机，整体创意在基调上最好采用明快、鲜艳、较高反差的方法。因为多媒体投影机的使用环境很难做到全黑，使用上述方法能得到较好的效果。当然，多媒体课件若用于远程教育在网上使用，那就另当别论了。页面在设计时要不落俗套，敢于创新，给人一种耳目一新的感觉。同样，页面的直观、易于理解、便于操作仍然是多媒体课件实用性的一项重要指标。另外页面的编号与各种按钮和热区标识应尽量统一。

9. 链接试运行

在模板编程完成后，即可进行链接试运行。虽然还未制作完各种素材，但可先使用一些现成的素材进行试运行。确认一切正常后，再去制作各种素材，这样可以避免许多重复劳动。在编程时不会因为素材影响整体创意思维，反而还会根据整体创意思维指导以后素材的制作和各个构图的创意。在添加页面时，要经常进行测试，及时发现并修正错误，避免发生返工的现象。

10. 收集、制作、处理素材

这部分内容是重点，先介绍一下多媒体课件制作的相关硬件、软件。硬件：一台或多台多媒体计算机，配置有较好的声卡（配音用）、显卡、视频采集卡或压缩卡（采集影像）、刻录光驱，外设有摄像机、数码相机、扫描仪、话筒、MID 键盘、网络等。软件：Windows 操作系统，图形、图像的处理可使用 Photoshop8.0、我行我速等，音、视频处理可使用 PremiereCS6、EO-Video、Real Producer Plus、绘声绘影、Fireworks、Wave CN，动画处理使用 3D Studio Max、Flash 及 Gif Animator。

11. 系统合成

素材制作处理完毕后，将做好的素材一一安装到已经调试好的程序中，对整个程序的创意思维和具体的构图创意进行最后的完善，对整个程序从头至尾地、每个界面、每个功能进行全面"扫描"，以完成系统合成。

12. 软件测试

最后阶段是对已经完成的程序进行检测，找出其中的错误和各种不稳定因素，并对其进行修改。对程序的检测完成、确定没有错误后，课件制作基本上就完成了。

13. 制作图标

任何一个软件都有自己的执行文件，以便打开程序。可根据自己制作的软件特点设计出有个性的图标。制作图标的程序较多，如 Axialis Icon-Workshop、IconCool 等。

14. 优化打包

刻盘或网上发布打包，是指将制作出的课件输出成 32 位或 64 位的应用程序，可脱离制作平台而独立运行。程序在正式打包之前要进行优化。首先，程序打包之前，要做好源程序的备份，并且做好其他的一切准备工作。在发送到光盘上时，要注意将所需要的外部文件都拷贝到光盘。刻制成原始光盘之后，还要再进行一次测试，以防止因为发送到光盘后，产生某些变化而使得程序不能够运行，或者因为文件配置不合适，而导致程序运行速度过慢。其次，要对光盘上的文件组织结构进行优化，如果文件结构非常松散，就会导致程序运行速度变慢。最后，将打包后的内容刻录到光盘上或在网上发布，课件的制作工作就完成了。

六、精品课程建设

教育部发布《关于启动高等学校教学质量与教学改革工程精品课程建设工作的通知》之后，各省市教育行政主管部门积极响应上级号召，也相继下发了通知，并提出建设精品课程的规划和措施。

那么，精品课程建设的原则是什么？如何建设精品课程？一般认为精品课程应有以下几个建设原则。

第一，课程体系要符合科学的发展规律和教育的认识规律，并具有创新性。

第二，课程要有坚实的学术研究基础，是教与学切磋相长的荟萃。

第三，课程要在理论与实践、基础与新知、知识与技能等方面有合理的布局和设计。

第四，课程要在理论体系兼顾先行和后继课程的相关内容，有温故，有铺垫，有延伸。

第五，课程要具有鲜明的时代气息，既有回顾，又有前瞻；既有反思，又有创新。

第六，课程要融知识传授、能力培养、素质教育于一体，通过教学相长，启迪大学生探索求知的热情，引发他们奋发向上的精神和自强不息的品格。

精品课程的建设，对完善教学质量、带动其他课程教学水平的提高有着巨大的推动作用。所以，精品课程建设应从以下几个方面着手。

(一) 确立正确的指导思想

精品课程建设的指导思想，是通过建设精品课程推进各学科课程的整体建设，促进采取与课程相适应的教学理念、教学方式与教学手段，从而激发大学生自主学习、积极探索与研究创造的积极性，按照全新的教育理念，确定培养方案，并在这一思想指导下确定精品课程建设的具体目标，落实教学理念，构建精品课程的整体构架，建立相应的管理机制。

(二) 明确建设的目标

精品课程的建设目标，就是要建设一批能够体现新的教育理念的高水平、高质量的示范性课程。具体而言，这批课程要能够成为学校课程建设的"龙头"。通过这些课程的建设，推动人才培养的理念，建成一批辐射性强、影响力大的课程，然后大范围推进课程建设，提升整体教学水平，营造以人才培养为己任的教学氛围，通过精品课程教学队伍的建设促进教学中坚力量的形成。

(三) 落实教学理念

如果没有教学理念的变革，课程建设就不可能发生实质性变化。所谓教学理念，就是要以素质教育为主，强调基本素质、基本知识、基本能力、基本技能并重。要通过精品课程的建设和教学，使大学生提高基本素质、夯实基本知识、培养基本能力、提高基本技能。在具体做法上，各个学科课程可以根据自己的特点，将教学理念落实在课程教学中，即采用与教学理念相适应的教材形式、授课方式、讨论形式、作业类型、实践训练和考核方式，建立"以大学生为主体、以教师为指导"的基于探索和研究的教学模式，挖掘每个大学生的潜能，发挥他们的特长，鼓励并引导他们的好奇心、求知欲、想象力、创新欲望和探索精神。

(四) 建立相应的管理机制

精品课程建设是一项系统工程，其中涉及大量管理问题，需要建立起一套有效的精品课程建设管理机制。

精品课程建设需要加强监督、检查和指导。学校与项目负责人要签订协议，明确课程建设的具体要求，并据此进行检查和督促；此外，还要组织教学督导组成员对项目、授课及教材使用进行跟踪，定期召开精品课程建设研讨会并进行中期考核，通过不断验收和检查来保证课程质量。

第二节　精品课程录播教室的建设

随着国家加大对学校的基础建设投入，学校信息化得到了迅猛的发展。然而目前部分校园网通常只支持一些简单的网络查询和点播功能，校园网的资源库也非常有限，校园网的价值如何体现成为许多院校领导关注的焦点。同时社会的发展对高级人才的需求日益迫切，这种需求给中国高等教育的发展提出了更高的要求。如何才能充分利用学校最有价值的资源来培养出适应时代需要的复合型人才呢？对学校而言，教师面授过程是学校教学资源中最有价值的，是最具创造性的，是知识传授过程中最生动、最快捷、最有效的方式。然而优秀的教师资源毕竟是有限的，相对于教育发展的广泛需求而言，资源紧缺的程度也是显而易见的。

教育部明确提出，在全国高校中用五年的时间制订1500门精品课程的计划，同时提出了课程建设的内容要求，并明确要求内容中要包含不低于30%的教学现场录像资料。

为了完成这些任务，很多高校都建设了多媒体教室，在多媒体教室进行教学活动并现场录制，使其他教室也能接收正在直播的教学场景。同时，将现场教学场景进行录制，并上传到资源服务器以供点播。

一、精品课程录播教室的基本要求

为了满足高校精品课程建设的需求，精品课程录播教室建议采用精品课程录播与资源管理系统，该系统充分考虑国内外众多高校、教育机构和培训机构对多媒体教室课件录播的需求，能够很好地完成多媒体课件录播的要求。本系统涉及两个产品：智能录播系统和课件资源管理系统。

精品课程录播教室总体设计思想是改造学校现有多媒体教室硬件设备，并通过该系统方便地完成以上任务。这套方案的特点是：经济效益高，操作简单，易于扩展和实施，系统稳定可靠。

整个精品课程录播教室系统应达到以下具体要求。

实现教室的实时录制，支持各种类型的多媒体课件的录制，并支持实时授课的直播。建设视频课件录制、编辑、管理和点播系统，与远程授课同步录制对应视频课程，经编辑、整理后存放到教学资源中心，向大学生提供视频点播服务。

本项目应考虑将来建设发展的需要，要有一定的灵活性和扩展能力，以便于兼容将来高清设备的扩展。

本着先进、可靠的原则选择软件产品和硬件设备，力求做到成本低、效益高、技术先进。配套设备的性能和技术要求应协调一致，所用软件产品和硬件设备应符合国家标准和行业规范。在考虑降低成本的同时，应考虑建设和技术的发展，要有一定的灵活性和扩展能力，在相当长的时间内保证设备、系统具有先进性。

二、精品课程录播教室的建设内容

（一）多媒体教室

多媒体教室是课堂教学的现场，应布置多个音视频采集设备分别采集教师和大学生的教学场景，多媒体录播教室可以实现独立的教学过程的实况录制和直播，也可以通过网络采集教师笔记本的VGA信号，完成多媒体课件的录播。多媒体录播教室需要实现以下功能。

视频采集部分：由2~4台摄像机和云台组成，用以拍摄教师授课和大学生学习的场景。

声音采集部分：用于采集教师主播和现场声音，如大学生的提问和回答等。

全自动录制：必须能实现教师自动跟踪和大学生定位跟踪功能，教师自动跟踪系统要实现全教室的跟踪，大学生定位跟踪系统要实现特写功能。

控制部分：可以实现对各路音视频的调节和监控，并可选择输出。包括调音台、云台控制器、摄像机镜头控制器、监视器、视频切换器等。

录播便携机：录播便携机既要负责教案的播放和教学素材的演示，又要采集音视频信号及教师屏幕，允许授课教师自带笔记本通过便携式移动录播机进行多媒体课件的录制和直播。录播便携机配置一块 VGA 采集卡用于采集教师主机或外带笔记本的桌面内容，并配置一块四路的音视频采集卡，实现四路教师和大学生视频信号的同时采集。

(二) 中心服务器机房

为了支持大用户量并发进行网络教学，学校中心控制室一般都要配置一台服务器用于教学资源的管理和实时直播，并负责用户管理、课程管理，为大学生提供非实时在线点播服务。另外，系统需要配置大容量硬盘，存放录制好的多媒体课件。

三、智能录播系统的建设

智能录播系统是一套多媒体教学系统，主要包含直播、录制、监视等功能。该系统采用先进的流媒体技术，完全适应各种方式的远程教学、培训，系列软件适用于各种类型的网络。

该系统可以利用普通的 PC 机、视频采集设备和麦克风，实现多媒体教室独立课程的录制与直播功能，也能够通过便携式录播一体机，配合 VGA 采集卡、多路音视频采集卡实现更为灵活的多媒体课件录播功能。采用该系统，用户无须投入高昂的成本就能够实现高质量、高可靠性的音视频和教师屏幕等多媒体协同录播功能，有效地节约时间和经费。

系统支持多种样式的课件录制方式，选用不同的导播策略可以对不同的教学场景进行优化，充分表现教学的情景，为学员提供多种样式的课件表现方式，增强学员的学习积极性。生成的课件既完整地保留了课堂教学的情景便于后期剪辑，同时又以最佳的导播效果表现课堂教学的情景，再现教学的真实情景与教学氛围，使大学生有如身临其境。

系统采用微软 WMV 格式保存教学的情景，并支持单画面合成模式和多视频流导播模式，如果采用单画面模式可以将教师的屏幕、视频和大学生视频合成在一个视频文件中，录制过程中可以通过策略改变布局，客户端无须安装任何插件即可通过各种播放器播放。而采用多视频流导播模式将多个视频流独立保存在文件中，录制和播放时都可以改变播放布局，以最佳的表现方式展现给用户。

（一）系统主要功能

1. 课堂教学实时直播

系统支持在课件录制的同时进行实时直播，客户端能够完整再现课堂教学的情景，接收点的数量仅受到网络带宽和服务器性能的限制。

2. 教师和大学生视频的自动跟踪

系统支持实现教师自动跟踪和大学生定位跟踪功能，教师自动跟踪系统要实现全教室的跟踪，大学生定位跟踪系统可实现特写功能。通过摄像头的智能跟踪，录播系统能够在教师和工作人员无须干预的情况下自动定位和跟踪，以实现自动录播的功能。

3. 教师屏幕实时采集

系统支持多种方式采集教师的计算机桌面，为教师的讲稿录制提供灵活的采集方式。

本机录屏模式：教师将教学讲稿复制到录播机，并直接通过录播机进行教学，系统能够将计算机屏幕内容，包括鼠标运动轨迹、电子白板内容等完全录制下来，并只需要占用很少 CPU 资源，不影响其他程序的运行。

软件录屏模式：在教室主机（教师机）安装控制软件（插件），教室主机与控制室的录制机通过网络连接进行录制。

VGA 卡录屏模式：通过 VGA 卡直接录制教师计算机的屏幕操作，该方式无须在教师计算机上安装任何软件即可进行录制。系统选配了高效的自适应 VGA 采集卡，能够支持最大分辨率为 1600×1200 的 VGA 视频采集，并且还能通过原始比例（如 1280×800、1440×900）采集各种宽屏笔记本的信号。

4. 支持多种录制格式

系统支持多种录播模式，以满足学校对多媒体课件录制的各种要求，系统支持多分屏 Web 课件、单画面视频课件和多分屏智能多画面课件三种录制格式。

多分屏 Web 课件：该模式课件采用支持传统的 Web 课件表现模式，通过录制成多个标准视频文件，并可以选择各种播放模板进行同步播放。

单画面视频课件：该模式课件采用高分辨率的标准 WMV 视频格式保存教学情景，通过各种布局策略表现多个视频和屏幕的内容。

智能多画面课件：该格式采用独立流方式保存教师讲稿、教师和大学生视音频内容，同时将课堂教学过程中的导播动作也记录到课件中。该课件格式既完整地保留了课堂教学的情景便于后期剪辑，同时又以最佳的导播效果表现课堂教学的情景，课件的表现方式支持视频特写、画中画、分屏等多种模式。该模式课件完整地保留了课件的原始内容，通过一个文件进行保存，不仅能够提供非常灵活的播放方式，而且还便于管理。

5. 支持软件导播

系统支持将各种视频采集设备（包括视频采集卡、1394 采集卡、VGA 采集卡和各种 USB 摄像头）作为视频采集源，并实时对多个视频进行视频切换和合成操作，定义版权标识、字幕和各种透明背景图片。

系统支持教师视频在蓝色或绿色背景幕布与教师讲稿进行实时合成，教师可以浮动在讲稿上进行授课，实现虚拟演播室的功能。

6. 课件支持生成高清视频格式

智能单画面课件支持生成 4:3 和 16:9 两种比例的视频格式，能够生成符合计算机播放的 1024×768 格式的视频，也能够生成符合高清电视播放的 720P 格式的视频，生成的 720P 高清视频格式可以直接在高清播放机上播放。

7. 通用播放器，方便学习点播

录制好的课件可以采用通用的播放器直接播放，无须安装任何插件，发布到网站后，也可以直接通过 Microsoft Edge 等浏览器点播课件。

8. 录制过程安全可靠

为防止在录制过程中出现各种意外情况，避免出现返工的情况，系统录制过程采取边录制边保存的方式，当出现断电和断网的情况时多媒体课件数据也不会丢失。

（二）系统特点介绍

系统主要应符合以下特点。

一是支持分布式 Web 管理和发布，用户可以轻松通过 Web 页面进行管理；录播系统与资源管理系统使用统一的管理平台，统一的身份认证；二是适应各种网络环境，支持防火墙和 NAT，无须更改网络配置，就可以将系统部署到现有的网络环境中；三是录制课件各种教学要素，如视频、音频、动态屏幕和活动鼠标等的同步时差小于 0.3 秒，教学情景的再现效果好；四是支持直播和录制分别采用不同的质量进行编码，以适应高质量的录制和低质量的直播同时进行；五是支持多路 VFW/WDM 视频采集，兼用市场主流的视频捕获卡、电视卡、USB 摄像头等视频输入设备；六是支持多路 1394/DV 视频采集，支持市场上主流的数码摄像机的输入设备，能够采集高清的数字图像；七是支持采集屏幕内播放的视频内容，能够捕获当前屏幕内播放的视频画面的采集，并能够捕获多个视频画面；八是支持 VGA 采集卡采集教师自带笔记本的桌面，最大支持 1600×1200 原始信号的采集，并支持各种宽屏笔记本原始分辨率的采集，如 1280×800、1440×900 等分辨率；九是支持四路视频（720×576）视频和一路 VGA（1024×768）的同时采集，画面平滑不出现拉丝现象；十是支持 Web 嵌入，可在 Web 页面中播放文件和接收直播，界面简洁大方，能够满足个性化的界面需要，操作简洁，功能齐全。

四、资源管理系统

资源管理系统采用先进的 ASP.NET 以及 VC++ 技术开发，B/S 架构，安装方便，易于部署。在本项目中采用此软件，作为一个项目系统的门户，流媒体文件的存储与点播，用户可以登录本平台进行相关的功能操作。

系统可以管理智能录播系统录制形成的课件以及各种其他资源媒体，允许通过在线点播回放授课系统录制下来的整个授课过程，并配以辅助的用户管理、权限管理、目录管理、日志管理、检索等强大的功能，让拥有权限的人可随时随地查阅已有的授课情景及其他资料。

资源管理系统不仅可以点播实时授课录制的课件，也可以点播基于HTTP 的媒体，例如 Word 文档、PowerPoint 演示稿等教学资源，并支持点播基于微软媒体服务器和 Real 服务器的流式媒体。

系统功能和特点。

1. 服务器支持多个磁盘存储扩展

资源存储扩充方式不再受到单个磁盘分区的大小限制，在系统使用过程中，用户可以动态扩展磁盘设备以满足课件资源的不断增加。

2. Windows、Real 媒体等其他通用媒体的流式点播

完全采用自主研发的流式媒体服务器，同时也支持与 Windows Media-Server 和 Real Server 的集成，节省再次部署的费用。

3. Word、Power Point 等文档的点播

这些文档类型的媒体点播不同于流式媒体的点播，它是采用智能选择客户端播放方式来确定采用何种软件打开。

支持网页类型，包括其多种资源的课件上传和点播 Web 课件基本上是由众多的图片、样式、HTML 网页等元素组成，存放在一个目录中，在该目录下还有可能区分很多专属子文件夹分门别类地存放图片、样式等文件。在我们管理系统时只需指定一个目录，就可以将包括子目录在内的所有文件一起上传到服务器中。

4. 网络线路智能判断

如果系统定制了多种网络线路，那么在点播时，系统根据设定的网络线路 IP 地址表智能判断用户的线路，将首选的点播地址放在点播列表的前面。

5. 基本用户管理

可以新建用户，更新用户属性，删除选择的用户，通过关键字和用户状态的组合查询更快定位到需要操作的用户。

6. 限制登录

通过会话数限制同一个用户名同一时刻使用的次数，通过多种方式限定用户登录的 IP 地址，包括单一地址、一组地址、地址范围等。

7. 私有空间

可以为用户设置是否拥有私有空间，分配私有空间的大小，是否需要共享审核。用户可以在自己的私有空间中自由创建节目，也可以共享自己的节目到点播系统，如果设置了共享审核，那么只有被管理员审核通过的才可以出现在点播系统中。

8. 公告管理

管理员可以自由发布系统公告，系统公告可以设定开始日期和结束日期。如果设置了开始日期，公告只有到了指定日期才会显示；如果设置了结束日期，公告到指定的日期就不会再显示了。还可以通过推荐选项将公告发布到门户的公告栏中，同时普通用户在首页上可以看到最新公告的列表，以及所有有效公告的列表，管理员可以通过公告管理发布一些通知、公告等信息。

9. 首页管理

通过首页管理，调整热点推荐和分类排行等信息，热点推荐中最多可以推荐4个节目。分类排行最多可以支持10个分类，如果不选择，则自动获得第一层目录作为分类。

10. 搜索

无论是普通用户还是管理用户都提供了搜索功能，这些搜索功能能够快速简单地让用户找到相关的内容，同时也提供相关的高级搜索。

11. 评论和收藏

可以对每个点播节目进行评论，以及整体查看某个节目的所有评论列表，还可以对每个评论主题进行回复跟帖。普通用户可以编辑自己已经发表的评论，管理员可以删除评论。

普通用户可以收藏喜欢的点播节目，并对其进行管理。将自己喜欢的节目收藏起来，再次欣赏时就不需要一层一层目录操作或输入关键字搜索了，只要登录就可以看到收藏夹，进入收藏夹就可以找到收藏的内容。

12. 门户

系统首页提供了网站公告、最新点播、工具下载、热点推荐栏目，以及各种各样的点播排行（包括总排行、月排行、周排行）。这些信息的提供使得整个系统内容更丰富，更趋向于点播门户。

13.统一权限设置

方便灵活、全面有效的多项管理权限分配，可以让更多的管理员分担繁重的管理事务。节目点播权限分配更为灵活多变，既可以使用简单的权限，也可以定义十分独特的权限模型。点播根据目录结构可以自动继承权限，也可以单独设置权限。

五、教师锁定跟踪系统

锁定跟踪系统是集光、机、电、图像、声音于一体的智能化产品，由目标跟踪球形摄像机、无线麦克风、无线音频接收机、固定式传感器组成。

目标跟踪球形摄像机能够自动跟踪特定目标，跟踪过程不受外界干扰，采用先进的位置传感和伺服控制技术，摄像机云台运动非常平稳，不会出现剧烈的晃动，能够将目标牢牢锁定在图像的中央。无线麦克风采用双重抗干扰电路和专业级拾音头，信噪比大于80dB，高质保真，完全满足现场录音和扩音需要。被跟踪的目标只佩戴无线麦克风，无须佩戴任何传感器，使用非常方便。

（一）系统功能特性

系统功能特性如下。

一是自动锁定跟踪目标，跟踪过程不受其他运动目标和环境光源影响；二是跟踪过程非常平稳，视频无明显晃动；三是摄像机具有背光补偿功能，在强光背景环境中可以看清整个画面；四是采用R&amp485总线控制，兼容多种控制协议，波特率可调；五是专业级无线语音传输，保真度出色；六是采用人性设计，无须佩戴特殊传感器，使用非常方便；七是多种安装方式，可根据不同环境进行选择。

（二）系统组成

其一，目标跟踪球形摄像机：可以自动搜索视场内的运动目标，自动锁定目标进行跟踪，获得目标的清晰视频图像。

其二，固定式传感器：固定式传感器作为辅助感应设备用于在目标背对摄像机时传感所在位置，如教师面向黑板写板书等，便于摄像机进行准确的目标锁定跟踪。

其三，无线麦克风：无线麦克风用于发送语音以及在目标面向摄像机时传感所在位置，如教师面向大学生讲课等，便于摄像机进行准确的目标锁定跟踪。

其四，无线音频接收机：无线音频接收机用于接收麦克风的语音信号，并可控制麦克风的音量。

第三节 多媒体综合教室的建设

一、多媒体综合教室的建设需求

(一) 用户需求

多媒体综合教室建设需求不断发展，出现许多新特点，催生出新一代的多媒体综合教室专用设备。

集控功能要求越来越高，多媒体教室的核心应用是高档 PC 机，数字视音频直播功能、数字监控功能、IP 电话功能、VOD/AOD/COD 等多媒体教学功能成为常规需求，主讲—听课模式的多教室联网授课形成新的主流应用，设备多样化和功能复杂化催生一体化设备，贵重设备增多，安防报警功能出现新需求。

多媒体网络中控是衍生于新一代的多媒体教室建设需求的高度集成化、一体化设备。多媒体网络中控为多媒体教室建设提供了全面、完整的功能模块，如"网络中控模块""数字视音频直播模块""多媒体教学模块""数字化监控模块""安防报警模块"等。多媒体网络中控可通过增加本地硬盘实现 PC 功能或通过增加网络操作系统分发软件实现 NC 功能，替代或作为教师机的备份完美解决多媒体教室最核心的功能——教学应用。依托校园网，将多个多媒体教室组网，形成一个完整的"网络多媒体教室系统"，可实现设备集中管理、控制和诸多联网应用功能，这极大地提升了系统整体功能和效益。

（二）物理建设需求

1. 教室的建设

网络中的任何一个多媒体教室都可以成为主讲教室，主讲教室可以实现教学信息广播功能。主讲多媒体教室的教学 AV 信号通过中央控制室的调度能实时地传送给其他多媒体教室，实现视频点播、智能组播。主讲多媒体教室的教学 AV 信号可通过实时压缩、存储于视音频点播服务器，以供课件制作和教学资源。实现每个主讲教室的计算机、视频、音频信号以及教师的讲课声音和图像能同时传播到每个听课教室，以保证在网络出现故障时还能继续上大课。

2. 控制室的建设

建设一个中央总控制室，用于多媒体教室的统一控制管理，并多个副控制室（管理、安防、督导）。所有多功能教室的操作台、教学设备均可通过 IP 网络由中央控制室远端控制，同时也具备本地控制功能，必要时远程帮助教师操作多媒体教学设备。

（三）功能建设需求

1. 中央控制室集中控制

所有多功能教室的操作台、教学设备均可通过 IP 网络由中央控制室远端控制，同时也具备本地控制功能。中央控制室可实时监看所有多媒体教室设备的情况，以便于在系统出现故障时使用者与管理控制者之间的沟通。

中央控制室集中控制，可对各直播教室教师的教学过程进行控制；可对各教室的多媒体教学设备进行远程控制；可对各教室的多媒体讲台进行远程开关；可对所有输入的音视频信号进行实时的模拟和数字的处理，满足广播/直播的需要；可对各种多媒体信号进行存储和后期制作；可进行日常的管理和设备维护；可与各教室对讲，必要时可进行远端教学支持；可向各教室进行多媒体教学广播，远程教学系统分路显示、集中管理、任意切换，远程教室之间可以进行双向视频传输。

2. 开放式的多媒体教室的建设

教室内装配全钢结构的电子讲台、防尘防盗投影机吊箱，使教室的各种设备得到保护，防止设备被盗或人为破坏。同时为设备的使用方便，多媒体网络中控作为极其简单的中央控制设备的操作，实现了"开门即用，关门即走"，设备顺序通断电，避免了冲击电流对设备电源系统造成的损坏。操作人员只需将电子讲台的盖门打开，控制系统能自动按照系统开启步骤自动将投影机打开、电动屏幕降下等操作，教师可直接进行教学。下课时，教师不再担心操作失误损坏设备，只需关上电子讲台盖门后即可离开教室，也不用因需要等待投影机冷却散热而耽误时间，这一切均由网络中控系统自动完成。

3. 视频直播

在中央控制室调度下，通过授权实现主讲多媒体教室与其他多媒体教室教学实况的广播/组播，完成教学串讲。在保证教学质量的前提下有效地扩大教学规模，实现教学资源共享。同时通过中央控制室的授权可以把视频/电视、音频信号，经过编码器数字化以后，直播到任何教室的多媒体网络中控。可以规定不同组的多媒体网络中控分别接收不同的直播内容，或者部分接收直播、另外的部分不接收，并实现定向、定时自动播放，从而灵活实现智能视频直播功能。

4. 教学资源的存储、点播功能

实现对主讲（直播）教室的音视频信号进行实时采集和压缩处理，并形成可供网络传输的流媒体数据进行存储和直播。

5. 控制室与教室之间的通信功能

系统通过 IP 电话系统实现中央控制室与多媒体教室、多媒体教室与多媒体教室之间的实时对讲，以方便维护和管理。

二、多媒体硬件建设

多媒体教学现已是现代教学中不可缺少的一种教学方法，多媒体教学模式是以计算机技术为核心的教学模式，其最大的特点是能用课件在计算机上展示逼真的空间形体，以直观的形式表现出来，激发形象思维，取得良好的教学效果。因此，各地高校都投入了大量资金来建设多媒体教室。由于对多媒体系统配置认识的不足和经销商的片面推销，使多媒体系统配置一味地追求时尚、高档，造成大量资源浪费。针对多媒体使用情况，高校本着经济、适用的原则，应设计出适用型多媒体系统硬件配置方案。

多媒体系统的硬件组成有高、中、低档各种不同配置。比较完美的配置应具有完备的输入输出设备(摄像机、录像机、彩电图像扫描仪、彩色视频拷贝机、彩色打印机等)、展台、多媒体卡、大容量外存储设备和高速、大容量内存的计算机。这样组成的系统必定功能齐全，但这样的配置价格也非常高昂，在各个不同地区，要求各高校拿出大量资金搞一流的多媒体技术应用是不现实的。针对高校的实际情况，应该选用投入少、效益大、绩效高的多媒体硬件配置。

根据多媒体教室硬件的使用频率来看，在日常教学当中，常用功能基本包括播放课件、光盘播放、网络连接、软件操作教学，而其他功能很少用或根本用不到。使很多硬件资源白白浪费，成为一种摆设。在保证多媒体设备正常使用功能的前提下，使设备投资少、操作简单、设备维护方便，对于经济条件一般的高校，采用以下多媒体教室配置，实际使用效果很好。

现在投影机的功能相差无几，但它们有一个共同要求，就是在工作完毕，关闭投影灯后，要求延迟2~3分钟关闭电源，以降低机内高温，保护投影机。然而在很多情况下，教师不太注意这一步骤，讲完课即关闭所有电源，这对投影机的使用寿命很不利。所以在选用投影仪时，选用有自动延迟保护功能的，即在正常工作时，电源对一电路充电，在电源关闭后，这一充电电路能够向机内风扇提供一个临时电源，使风扇继续工作1~3分钟，达到保护作用，比如爱普生830型机。

三、多媒体中央控制系统的建设

随着多媒体电化教学、网络教学、远程教学等在全国各地的悄然兴起，各式各样的先进设备操作越来越复杂，使用户在使用时感到相当不便。多媒体中央控制系统利用计算机及微电脑技术对多媒体教室、会议室、多功能厅等功能教室中的各种设备进行集中控制、管理，以简单明了的按键方式提供给用户使用，将复杂的控制转化为简单的按键操作，真正实现"所见即所控"。

随着校园网络和多媒体教室的快速普及，多媒体网络教学系统正日益成为现代化校园的基础设施，它将综合集成传输包括教室、办公室、会议室等的语音、图像信号，对电脑设备、影音设备、演播设备、监控设备、环境设备进行集中及远程控制。

具有多媒体中央控制系统的电教室或报告厅不仅仅是一个智能化的电教室，多个电教室更可组成一个网络控制的教学系统，系统主要由多媒体教室、中央控制室等组成。

（一）系统结构

多媒体中央控制系统分为本地采用桌面控制器、遥控器、键盘/鼠标等操作设备以及多媒体网络中控，本地教师通过控制所有控制设备从而控制多媒体网络中控内置的中央控制器，最终实现对连接在其上面的多媒体设备的控制——本地控制，以及远程基于校园网实现的网管人员通过操作网管软件实现的对教室端多媒体教室内置的中央控制器，从而实现对中央控制器外联多媒体设备的控制——远程控制，最终实现对所有多媒体教室的集中控制、远程状态监测、远程协助、远程接管等管理功能。

多媒体中央控制系统由中央控制主机（多媒体网络中控）、控制面板、遥控发射模块等组成。各部分之间用通信电缆相连，构成一个控制系统。其中鼠标/键盘、控制面板和遥控发射模块是本地指令发送中心，中央控制主机则是指令接收和执行机构。教师通过操作鼠标/键盘、桌面控制器、遥控器控制中央控制器（多媒体网络中控），从而实现对连接于其上的多媒体外设的控制，真正地实现"所见即所控"。

采用最先进的网络技术，配合控制室端管理平台，运用 TCP/IP 协议实现网络控制。该方法采用成熟的互联网，从而使系统控制实现与网络的紧密连接，实现了系统控制的灵活性和多样性。

网管平台是网络控制指令的发起者，网管平台发出的指令封装成标准 TCP/IP 协议包，通过校园网传送到相应控制节点（教室端的中央控制器），从而控制连接到中央控制器的多媒体外设。系统基于校园网，没有位置的概念，只要能连上校园网即可实现控制。控制节点收到 TCP/IP 协议控制的指令后，中央控制器执行相关的指令控制相应的设备完成控制。通过该控制软件可实现远程 B 开关/唤醒多媒体网络中控、远程控制投影机和影音设备等等。通过网络管理平台真正实现"远在千里，控在指间"。

(二) 系统建设

根据高校的实际应用需求，结合实践经验，为高校提供了一套贯穿整个多媒体教室教学全过程的软件平台。其中包括"网络操作系统分发平台""系统网管平台""资源点播服务软件平台""数字监控平台""双视频流（示范教学软件平台）""远程教学/发布软件平台"。这些软件分别安装在不同的物理位置，分别为不同的应用目的完成不同的功能，同时它们又是互相联系、相辅相成、共同组合起来，紧紧围绕教学工作这个主要目标，实现计算网络教学应用。各个软件平台通过计算机网络物理上连接到一起，并通过TCP/IP通信协议、标准格式的多媒体流以及相互之间的控制信息，形成一个有机的整体。

1. 控制室主要设备——网管平台

网络管理平台是系统的控制和管理中心，用来维护所有的教室终端设备——多媒体网络中控，对终端设备进行各种相关的设置，如 IP 地址、网关、监控码率、地址端口等。同时，通过网管平台，网络管理员能够监测任一个终端的状态，启动或停止对某个指定课室的监控，集中管理指定课室的电源开关、电视、音箱、灯光、投影、窗帘、幕布，控制主控室的编码器、数字解码器、音视频矩阵、节目源控制器，对班级进行授权，分组对班级进行实时音视频或文件的直播，以多画面的方式监控各个课室，等等。应该说，网络中控的核心就体现在这里。

此外，对直播控制、操作的授权，以及定时直播、开关机、电子打铃等是在网管工作站上实现的。

总而言之，系统网管软件主要实现以下的管理：对于虚拟扇区服务的管理，对于教室端设备的管理，对于班级权限的管理，对于主控室端设备的管理，以及定时直播、电子打铃等针对教学的个性化功能。

网管工作站包含以下一组管理软件：VSA 管理软件，用于配置和管理 VSS 服务器的虚拟扇区服务。终端状态监测软件，用于监测各个终端的状态，远程控制器开机、关机、复位，控制教室的投影机、电视机等设备，设置监控参数，配置数字视音频解码器等。主控设备控制软件，该软件用于对主控室的录像机、VCD/DVD 等设备进行控制，以及对终端用户的操作进行授权、视频音频直播等，编码器控制软件 Enc Contro Lexe，用于监测和控制音视频编码器。

2. 多媒体教室主要设备——多媒体网络中控器

多媒体网络中控是一款面向数字化、网络化多媒体教学应用，集网络中控、音视频直播/点播/画中画网络教学、设备远程网络管理、PC/NC 等功能于一体多媒体教学专业设备。它不仅实现了基于网络对教室端教学设备的远程监控与管理维护，更实现了网络多媒体、数字多媒体以及传统多媒体技术与教育教学应用的全面整合，全面实践了"效率最大化、维护开销最小化、综合性价比最优化"的产品设计理念，是现代教育条件下数字化多媒体教室建设必备的核心设备。

四、多媒体教学系统的建设

多媒体教学系统是新一代的教学系统。它集计算机多媒体教学、多媒体播控系统、计算机网络于一体，将高科技和教学、管理有机地结合在一起，是提高学校教学水平、改善学校教学质量和管理的重要手段，并可大大提高大学生的学习兴趣和学习效率。

多媒体教学系统是将计算机及网络技术应用到教学领域形成的，将图像、声音、文字、动画等媒体融合起来，为大学生提供丰富生动的教学素材，以达到寓教于乐效果的新型教室。

目前高校的多媒体教学系统核心设备——教师机（一般采用 PC 机作为教师机），播放教师授课所应用的图像、声音、文字、动画等教学素材，辅助教师授课，从而提高教学质量。同时，教室端多媒体网络中控基于标准 PC 架构，提供扩展能力，可与主控制室网络操作系统分发软件相结合实现网络计算机功能或通过增加本地硬盘实现本地计算机功能，作为教师机的备份或替代。

（一）系统结构

教室端的终端设备（教师机或多媒体网络中控）要实现对资源的点播，首先应保证资源的建设、资源点播的实现，利用"我的课堂"进行多媒体教学，同时系统利用 JYD 多画面课堂实时录播系统，可实现对教室端多视频流同步合成的直播、点播、精品课件制作等功能。

1. 资源的建设

系统配置的资源点播平台包含基于 B/S 结构的资源管理平台，为教师资源的上传提供基于 B/S 结构的开放式管理平台，全面支持基于内部园区网或广域网终端对课件库资源的授权访问、浏览查询与下载导出应用。

教师可以方便地在办公室、家里等，通过 Edge 浏览器连接到资源服务器，根据其对资源库的权限，浏览公共资源库，或上传素材、建立分类、创建自己的私有资源库、给每节课的内容编制"我的课堂"，并管理其私有资源库。

2. 教室端对资源的点播

教室端对资源的点播分为两种：对主控设备资源的点播，对音视频、课件等资源文件的点播（多媒体网络中控或教师机）。

教室端对主控设备资源的点播，主控设备分为两大类：一类是视频设备，另一类是音频设备。视频设备如录像机、DVD 等是通过视频编码器编码以后再传输的，音频设备如卡座、CD 机等是通过音频编码器编码以后再传输的。这个过程对用户是透明的，网管在主控室设置和授权完成以后，用户只需要选择这些设备就可以进入接收状态；进入音视频直播的点播接收状态以后，只有被授权的教室工作站可以完成对这些设备的播放、暂停、停止等操作，其他未授权教室只能完成音视频流的实时接收。

教室端对资源点播服务器的音视频文件、课件资源的点播：教室端的终端——多媒体网络中控可实现对资源服务器存储的任意格式音视频文件、课件的任意点播，由校园网传输到教室端，进行播放。

利用"我的课堂"进行教学。虽然在校园网上有十分丰富的共享资源和教学素材，但专业教师在紧张的授课过程中，通常并不希望把大量的精力和时间花费在从浩如烟海的资源堆中搜索素材。为此，可以针对每个教师和每堂课，制作"我的课堂"，设计出独特的现场操作菜单，此菜单中仅仅直接连接与本堂课相关的内容，以保证教师上课时可以一键点出所需要的素材。

（二）系统建设

教学平台的服务端——资源管理平台。主要提供资源的上传、下载、存储、资源的点播服务以及对资源的管理，教室端通过其核心设备——多媒体网络中控，实现多媒体教学。

B/S 结构资源管理。B/S 结构采用星形拓扑结构建立校园内部通信网络或利用 Internet 虚拟专网（VPN），前者的特点是安全、快捷、准确，后者则具有无投资、跨地域广的优点，学校内部可通过防火墙接入 Internet。

系统符合数据库标准，并兼容音视频、多媒体等任何格式的文件。基于 Web 方式，符合城域网技术规范，具有完全开放性与扩充性。用户可以基于 Web 方式，对网络服务器上的课件资源进行浏览、上传或下载等操作。同时支持公用资源库和私有资源库两种模式，这既方便了网络共享素材资源的交流，也保证了教师课件与教案的版权。课件资源库的操作界面采用仿 Windows 浏览器的设计风格，用户无须学习即可使用。平台还提供属性查看、预览等功能，使课件资源的浏览与使用更加轻松自如，并提供多种条件的检索功能，以便迅速进行资源搜索，进而减少教师的工作量。

五、扩声系统的建设

多媒体教室是进行多媒体教学、报告等的场所，多功能厅以及多媒体报告厅还要承揽重要会议、娱乐等功能，扩声系统的设计要充分考虑本身的实际使用功能，既要有自己的特色，又要符合科学规律和先进的系统设计思想。按照扩声为主、建声为辅的原则，电声系统设计要与多功能演播室建筑声学设计紧密配合，以利于电声与建声完美结合，进而保证声音良好还原和再现，从而满足实际使用需要。多功能演播室的扩声系统部分设计思想、手段和方法要具有先进性和实用性，设备要采用技术含量高、能够体现当前最新科技水平的产品，扩声系统的声学特性指标，要符合中华人民共和国原广播电影电视部 GYJ25-1986《厅堂扩声系统声学特性指标》，语言和音乐兼容二级标准。

（一）扩声设计

为了满足会议、报告、教学等功能的需求，还必须设计采用与传统相结合的控制系统。

扩声的目的。在大多数情况下，音响系统接收到的是微弱信号（例如，与会者发言），要把信号放大了才能被观众听到。当配置音响系统时，音响工程师应对以下几个重要目的特别注意：对整个观众席声音的均匀分布，对所有座位有均匀的响度，以及减少"死区"；对整个观众区有稳定的系统频率响应和均匀的音色；提高清晰度和可懂度，因此讲话和歌唱的每个词都十分清楚；创造适当的"声场"给音乐有舒适的空间，使音响效果得到真实的表现。

在各种厅堂规模和形状条件下，扬声器摆位要使所有座位都有十分清楚的视线；厅堂和安装结构造成因反射而劣化音色，过分的混响会降低或破坏清晰度。典型的音响系统就使用舞台左通道和舞台右通道系统的主扬声器，放置在舞台两侧的这些扬声器阵列，可以还原整个音乐频谱，同时又不影响视线。由于使用两个分开的音源，立体声就有可能实现、创造音乐的"声音舞台"，扬声器若放在与演员同一个物理平面上，声音的定位就会更加真实。

立体声依靠左右扬声器之间的最大重叠来实现，沿听众区中心线座位外的任何座位，每个扬声器到听众的传播路径长度是不同的，从两个扬声器阵列发出的共同信号将会发生相位抵消现象，这是因为声音最终到达人耳的时间不同。

传统左右通道系统的两个扬声器通常都是按全频带扩声而设计的，对于人声扩声来说，特别的低音重放是没有必要的。

（二）扩声设备的组成

声源设备——指拾音设备、影音信号播放设备（如拾音话筒、CD/MD/DAT/DVD 等设备）和数字音频播放设备（如计算机及远程音频系统等）。

调控设备——指对声源设备送出的单路音频信号或多路音频信号，进行前级的放大和混音输出，并对音频信号进行处理的设备，如调音台、均衡器、反馈抑制器等设备。

放大设备——指对经过调控设备在混音输出、信号处理后的信号进行后级功率放大设备，这里指专业功率放大器。

重放设备——指将经过后级功率放大器放大的音频信号进行电—声转换并释放出来，表现为人耳可懂的音频信号的设备，这里指扬声器。

(三) 音箱选型及布置

音箱选型及布置，应使观众厅达到良好的声学特性。因为这既能使观众席上有足够的声压级、良好的语言清晰度，同时又能满足音乐的方向感、空间感、生动感的需要。具有声场均匀、空间方向感强、观众的听觉与视觉一致、直达声强、清晰度好、语言的可懂度高等特点。

六、视频显示及投影系统的建设

(一) 投影机的选择

屏幕投影系统设计及应用是涉及投影机性能、屏幕性能、人体工学、光学、土木建筑等多门学科的系统工程，只有诸方面的相辅相成，才能最终获得良好的显示和观看效果。

首先，投影机的选择要明确所要显示信源的性质，即行频是多少，是否是由显示卡输出的。根据所显示信源的性质，投影机可分为普通视频机、数字机、图形机三类。只显示全电视信号时，如卡拉OK厅播放录像带，可选择普通视频机；要显示VGA输出的信号，可选用行频60kHz以下的数据投影机。选择何种投影机，可按实际的投影内容决定。若所放映的软件是以一般教学及文字处理为主的，则选购分辨率为640×480(VGA)；若要求高一些，则要选择SVGA(800×600)，如LP260/LP340(1024×768)或LP350；当显示高分辨率图形信号时，须选择60kHz以上的数字机。

其次，要确认安装方式，投影机安装方式分为桌式正投、吊顶正投、桌式背投、吊顶背投。正投是投影机的观众在一侧，背投是投影机与观众分别在屏幕两端。如果临时使用，可选择桌式正投，这种方法受环境光影响较大，布局凌乱；如固定使用，可选择吊顶方式。如果空间较大，土建时有统筹安排，选择背投方式整体效果最好；如空间较小，可选择背投折射的方法。

最后，要搞清显示环境，如房间大小、照明情况。如果房间面积较小，可选液晶投影机。如果显示环境面积较大，没有日光照射，照明灯光较暗，相对固定使用，可选择CRT投影机。如果对环境光要求不高，显示面积特大，显示高分辨率图形信号，可选择LCD光阀投影机。不必显示高分辨率图形信号，而追求显示画面的均匀性和色彩的锐利性，可选择 DLP 投影机。

(二) 投影幕的选择

投影幕尺寸的选择：要选择最佳的投影幕尺寸主要取决于使用空间的面积和观众座位的多少及位置的安排。首要的原则是选择适合观众的投影幕，而不是选择适合投影机的投影幕，也就是说要把观众的视觉感受放在第一位。

投影幕高度要让每排的观众都能清楚地看到投影画面的内容。投影幕到第一排座位的距离应大于 2 倍投影幕的高度，投影幕底边离地面距离 1.5m 左右。

投影幕材质的选择：选择的投影幕面料要适合投影机以及教室的尺寸。但是，如果一张投影幕需要供给多部投影机使用时，投影幕面料就应选择适合对投影幕要求较高的那台投影机的需要。例如，当你同时拥有幻灯机和投影机时，因为投影机制光线输出量比幻灯机低，所以应选择那种反射率（增益）参数适合投影机的面料。但由于现在多数投影机的亮度都比较高，所以采用反射率（增益）比玻璃珠幕低的白塑幕反而可获得更好的投影效果。投影幕材质的不同主要影响幕布的视角、亮度增益以及根据面料不同，其清洁方式不同。

增益：投影幕反射投射光的能力。在投射光角度一定、投射光通量不变的情况下，投影幕某一方向上的亮度与理想状态下的亮度之比，叫作该方向上的亮度系数，把其中最大值称为投影幕的增益。通常把无光泽白墙的增益定为 1：如果投影幕增益小于 1，将削弱投射光；如果投影幕增益大于 1，将反射或折射更多的投射光。

视角：投影幕在不同方向上的反射是不同的。在水平方向，离屏幕中心越远，亮度越低；当亮度降到 50% 时的观看角度，定义为视角。在视角之内观看图像，亮度令人满意；在视角之外观看图像，亮度显得不够。

(三) 实物展台的选择

在我们原来所接触的视频展示台产品中，普遍存在图像抖动、闪烁、色彩失真，并且在标准的幅面下出现图像文字模糊不清的现象。究其原因，虽然上述产品在原理上都属视频产品，但其分辨率只有470电视线左右，对图像细节及小字的表现能力不足。然而，随着数字视频展示台的出现，上述问题就迎刃而解了。数字视频展示台的分辨率通常为 SVGA（800×600）、XGA（1024×768）、SXGA（1280×960），用电视线来表示通常在600电视线以上，XGA分辨率的数字视频展示台在标准的A4幅面下可以清晰地显示5号字而无须放大，可以在整个幅面下展示全部的内容，而不仅仅是某个局部。

七、语音室的建设

随着现代化科学技术日新月异的飞速发展，教学手段的现代化在现代教育中日益凸显出它的优势，因此建立新型教学模式、搞好语音室建设、建立语言管理网络显得尤为重要。加强语音室建设是检验语言教学质量和培养高素质队伍的需要。语音室作为一个现代化的教学媒体，能够培养高素质大学生，同时也是检验教学质量的重要环节。

为了扩展多媒体语音室的功能，使之既能用于外语、其他课程的多媒体示范性教学，又能用于大学生主动、操作性学习，功能更加多样性。可以在教师机和大学生机上都配置多媒体卡，以实现语音和图像的传播。考虑到应用的多样性和教学内容，在选购教师机和大学生机时，应选择适当大一些的内存、硬盘，主板、CPU应选择主流产品，显示器则需采用低辐射的，以避免长期观看，对眼睛造成损害。声卡与光驱根据需要配置，硬盘要安装保护卡。如果仅为语音教学使用，可以采用业已淘汰但尚能使用的计算机，为旧机器寻找一条出路。耳机和话筒应选择灵敏度高的产品，国产耳机的导线较细，容易断线，联体耳机的牢固程度不够，有的大学生反方向扭动时，容易旋断，这些原因使得耳机经常出现问题。专用进口耳机价格虽高，但是导线和机械强度好，不容易出故障。

语音室的语音台设计最好参照传统的语音台，而且要考虑到机箱后面有挡板，否则机箱受大学生推动，使得连线接头脱落或松动，以致阻断信号的传输，影响其他同学使用。教师应选用质量好的录音机，以保证声源质量。多媒体语音室的大学生和教师计算机应连接成局域网，并能以共享方式通过专线或拨号上网，以利访问学校内部资源和Internet，以实现内部网络教学和远程网络教学。

语音室改变了以往的教学手段,提高了教学质量和科技含量,通过声音、图像、网络进行教学,可以适用各种媒体教学,这不仅可以上语音课,还可以上计算机类操作性较强的课程,是今后发展的趋势,值得大力普及和大量应用。

八、数字监控系统的建设

数字监控系统通过控制端的数字监控平台,可实现对教室端情景的监看,以实现对教室端贵重设备的远程监控。同时该系统配合双视频流软件实现主讲教室与听课教室的双向视听,真正实现听课教室的无人值守,实现远程双/多视频流听课。针对目前各个学校扩招而师资力量相对匮乏的现状,可通过这种远程听课,让更多的大学生听到名师授课,并进行示范教学。该系统采用先进的H.264视频压缩技术,具有图像清晰、分辨率高、实时监控、同步备份、事后查询、系统稳定的特点,以满足《考场电子化监控技术要求》,实现本校监考教师的监考,并可通过数字硬盘录像机实现考场的硬盘录像。下面针对本电子系统组成进行说明。

(一) 系统结构

数字视频监控系统,由教室端视频音频信号采集与控制信号采集部分、数字编码部分、传输部分、控制部分、显示和记录部分五大块组成。

1. 教室端音视频、控制信号采集部分

教室端音视频信号采集部分由摄像套件、拾音器组成,配之以高性能的一体化彩色摄像机,可以轻松完成高精度音视频信号的采集。通过拾音器/话筒和音箱或耳麦,能够实现教室与主控室之间的IP对讲功能,在有意外情况发生时,网管教师无需到教室,通过IP对讲就可以实现与教室及时方便的对话,并通过音频、视频输入信号、云台镜头控制信号传输给JYD多媒体网络中控。

2. 数字编码部分

JYD多媒体网络中控可接收来自摄像头的模拟视频信号和拾音器的模拟音频信号,将其数字化,利用硬件压缩芯片实时压缩为H.264码流,并通过以太网接口发送到网络上。这些码流可由专用软件接收、处理，并且该终端将云台镜头、红外微波探测器的控制信号进行数字编码，使得教室端的视频、音频信号和控制信号可以在校园网中传输，进而实现远程数字视频监控。

3. 传输部分

通过 JYD 多媒体网络中控，将视频、音频信号采用 H.264/ITUG.722 编码，将控制信号进行数字编码，并符合 TCP/IP 协议标准，通过以太网接口发送到网络上，在校园网中传输。

4. 控制部分

通过 JYD 多媒体网络中控内置的云镜解码器模块，可由终端——多媒体网络中控直接控制云台和镜头。整个系统的控制部分主要由监控软件及相应的模块来完成，实现集中控制、集中管理，网管只需要在主控、分控计算机上就可以完成对教室端音视频信号的监控，从而完成设备监控、校长的教学评估和观摩教学，能够灵活控制云台、镜头，如镜头的伸缩、云台的转动。

5. 显示和记录部分

显示部分可以用电视墙中的普通电视（需要配置数字解码器），同时可以在多台监控主机上实现监控显示，完成学校所有教室视频的监控。并且随时进行硬盘录像，以便作为凭证和示范教学的素材。

(二) 系统建设

1. 控制室主要设备——数字监控平台

数字监控平台主要完成对教室的多画面数字监控。

数字监控的程序可以显示接收终端传送回的音视频码流，单画面、四画面或者九画面显示的数据，可以监听任一路音频。可对监控的音视频信号进行存储、回放，并对相应的云台进行操作。每个画面的地址、组播地址、端口、云台 ID 等都是可以设置的。数字监控提供数据的存储功能，可以设置将某路数据自动保存到硬盘上，文件可以直接用 Windows 系统中的媒体播放器或超级解霸、Power、WinDVD 等 MPEG 播放软件进行播放。

多媒体教室主要设备——终端编码卡，即多媒体网络中控配置终端编码卡，可以有效配合教室端的音视频采集设备、摄像头套件，进而实现教室端音视频信号的编码回传。

编码卡备有一路视频输入接口和一路模拟音频接口，接收来自摄像头的模拟视频信号和拾音器的模拟音频信号，并将其数字化。利用硬件压缩芯片实时压缩为 H.264/G.722 码流，并通过 PCI 接口传送给主机 CPU，经以太网接口发送到网络上。

根据用户应用需要，可在体育馆、报告厅、教室等任何有校园网信息点的地方，安装带有编码卡的"多媒体教学工作站"。该工作站可以接入 CCD 摄像机，并附有云台、镜头控制器。可以将现场声像编码压缩后，经过校园网传输到指定的教室、办公室等场所播放收看，以实现网上教学评估、网上电视直播、教师自我评估训练、网上电子监考等功能。数字监控主机可将图像实时存储，并可对云台、镜头进行实时控制。

2. 双视频流/示范教学平台

通过双视频流教学平台，可以将教师授课的场景、教师使用的电子教案内容（可以是任意一台联网的 PC 或笔记本）同步传送到网络上，通过接收软件同步显示现场图像及电子教案内容，并将教师授课内容和课件画面进行编辑，保存制作成教学评估素材，供大家观摩、评估。

对于双视频流的传输内容，可以是以下四组信号的任意一组：镜头的视频（教室授课的场景）+拾音器的音频（教室上课的声音），计算机的 VGA 输出（教师所讲课件画面）+计算机的音频输出（教师所讲课件声音），实物展台的视频+实物展台的音频，镜头的视频（教室授课的场景）+麦克风（为提高讲课声音和评估音频质量，教师可用麦克风来扩音）。

此外，双视频流的接收端，可以是多媒体网络中控，也可以是 PC 机。教室工作站可以通过菜单进入接收状态，在该状态下，会显示被监看的计算机画面和监控的教室画面。教室画面可以有四种大小选择：1/4 屏幕、1/2 屏幕、全屏幕、消失。

3. 控制室扩展软件——远程监控平台

远程监控系统采用 B/S 结构管理平台，在 Internet 上实现对省内任意教室的监考。软件平台分为两个部分：省、市、县/区级用户共同使用一个部分，这需要在省、市、县/区设置 Web 服务器，校级用户使用一个部分，这需要每个学校都有一台 Web 服务器。

其中省、市级的 B/S 结构管理平台，主要功能是维护省内的市、县/区学校列表，并且维护监考人员的信息和权限，这里不用考虑每个学校有多少教室，每个教室的 IP 地址是什么（因为学校里的各教室一般都是内部的局域网，对 Internet 访问是没有意义的）。当监考人员需要对某一学校进行监考时，页面会跳转到校级服务器上。

校级的 B/S 结构管理平台负责维护校内的各教室信息，此外，校级的服务器还要安装一个转发程序，把内网的教室监考画面转发到 Internet。为了防止无关人员连接校级服务器进行监考，需要在校级的 B/S 结构管理平台中添加一个权限验证部分，以便从省级服务器读取用户信息并进行确认。

九、设备防盗系统的建设

教室端贵重设备的防盗系统包含：被动式机械防盗设备——电子讲台防尘防盗投影机吊箱以及智能安防系统（防盗报警系统）等。

教室内装配全钢结构的电子讲台、防尘防盗投影机吊箱，以使教室的各种设备得到保护，防止设备被盗或人为破坏。

教室端核心设备——多媒体网络中控可配置"安防报警模块"提供门磁开关、双鉴探测器、暗线保护等多种报警功能。探测器的报警输出接"多媒体教室专用工作站"的安防报警接口，提供对教室端贵重设备的主动防护。

当探测器有报警信号输出（如安装防盗类安全探测装置门磁的门没有关好或被打开）、在探测区内有探测对象出现，或安装了剪断线报警设备的线路被剪断时，"工作站"会将报警信号转为数字信号，通过网络传送到主控室或安防监控值班室的监控主机上，在监控报警的图上将显示出报警位置，声光提示值班人员及时采取措施。同时，报警教室端可设置声光报警，以阻吓破坏者。

（一）教室端配置——安防报警软件

控制配置的安防报警软件，是带有教室分布电子地图的专用报警接收处理软件，用于联网报警中心配合教室端报警探测设备实现的报警处理。安防报警软件运行于 Windows 操作系统，用户界面友好，采用多媒体显示，使用方便，自动化功能强，操作简单，同时在控制室端配置闪灯，可以实现对教室端的声光报警。

(二) 教室端配置——报警信号采集设备

在每间教室内设置双鉴探测器,对其实现全方位的安保警戒,并且在投影机的后盖门、讲台的上盖门和后柜门、前面维护 PC 机的小柜门配置门磁。报警信号采用数字方式,传输给多媒体网络中控,由多媒体网络中控通过网络把报警信号传输至控制室,以实现对教室内关键设备的保护。

(三) 教室端配置——机械防盗设备

采用 GB1.5mm 厚的宝钢冷轧钢板,柜门由滑轨式推拉和翻盖相结合,边角部位采用圆弧过渡,表面静电喷涂处理,耐磨效果极佳;讲台内所有设备锁闭在柜内,使用者只能对设备进行操作,无法搬动,上盖门采用撞锁,后柜门采用十字锁,小柜门采用暗拔插锁。

(四) 电气安全性

时序通断电功能,可以保护音箱等贵重设备免受瞬间强电流冲击,延长设备使用寿命。投影机延时断电功能,可以使投影机使用完毕后,得到充分散热,免受非正常断电的威胁,延长灯泡的使用寿命。处理强电安全,可以在设备配有漏电保护开关并接地处理,避免出现漏电现象。

(五) 防尘防盗投影机吊箱的安装

采用 GB1.2mm 厚的宝钢冷轧钢板,并在边角部位采用圆弧过渡,表面喷塑处理,耐磨效果极佳。投影机进风口处加装空气滤清器,可以有效防止灰尘进入箱体内,投影机出风口处加装强力排风扇,能有效提高投影机的散热量;后门采用十字锁,安全防盗;底部有四个调节螺丝,可方便调节投影机镜头位置;吊杆采用内外无缝套管可伸缩结构,方便调节。

第四节　闭路电视系统的建设

闭路电视是一种图像通信系统，其信号从源点只传给预先安排好的与源点相通的特定电视机，广泛应用于高校不同类型的电视、教育、视频会议等。

目前，电视信号的传送和处理正处于一个由模拟向数字化方向发展的阶段，由于数字方式与模拟方式相比有着不可比拟的优点，所以模拟方式及相应的设备将被淘汰，这是一个不可逆转的趋势。但市场上尚有大量的库存模拟闭路电视器材，这些器材由于数字化发展的影响而价格低廉，应该充分利用这些器材组成模拟有线电视（CATV）系统，并应用于高校的闭路电视系统的建设，以利于实施高校节目传送、视频会议、电视教育等，使即将淘汰的设备发挥其应有的余热。

一、闭路电视的作用

(一) 通过闭路电视实现现场直播

在高校的教育教学活动中，有些活动可以通过校园闭路电视系统进行实况转播，如高校的集体授课、开学典礼、结业仪式等。大学生可以通过画面和声音等信息直接了解现场的真实情况，这极大地降低了大学生对学校活动录播后因各种剪辑原因而引发的质疑。同时，除了在第一时间准确地传达信息外，电视现场直播节目还可以增强现场感以及互动性，进而引起大学生思想上的"共鸣"和"共识"，调动大学生对事件的思考。大学生在观看直播时，在了解一定的事件真实进程的情况下，就会假设"置身"于活动现场。

现场直播可以使高校各种教育教学活动不受时间和空间的限制，如有一些心理辅导讲座等可采用直播形式，每个班级抽部分同学做现场观众，其余大学生在教室观看节目。这种活动形式新颖，效果好，解决了高校全校大学生现场集体观看时看不见、听不清的问题，由于大学生对闭路电视的这种教学方式有新奇感，会积极收看和学习。而且电视中的主角都是他们熟悉的同学、教师，因此，高校闭路电视系统改变了以往这些熟悉面孔面对面的形式，以电视屏幕再次展现他们熟悉的身影，对大学生来说更具有吸引力。并且其他同学也都想再次上电视，此时可根据大学生的学习表现，筛选下一批上镜的同学，以增强大学生的参与意识。

(二) 通过闭路电视推广新课程

高校新课改倡导以发展大学生的主体性为宗旨的教学，把"以大学生发展为本"作为新课程的基本理念，关注大学生的学习兴趣和经验，倡导大学生主动参与、乐于研究、勤于动手，使之形成积极主动的学习习惯，并在获得知识和技能的同时学会学习，形成正确的价值观。

在高校应用闭路电视系统教学时，首先，教师应该为大学生创设参与条件，大学生是学习的主体，他们的学习动机是教学过程得以顺利进行的前提。可以让大学生尝试操作闭路电视系统控制器，分析讲述播放过程中的画面，拍摄一些大学生参与教学活动内容语言课中的配乐朗读、戏剧表演以及理科课中的演示实验、大学生实验，或者让大学生参与制作一些简单的课件等，这些都能使大学生获得真情实感，激发他们的参与兴趣。其次，教学过程中，教师应起到组织者、指导者、帮助者、促进者的作用，以引导启发大学生学习为主，让大学生自己去观察、思考、探究、分析、总结，以充分发挥大学生的主动性和创新性。最后，教师也要多激励大学生，即使大学生出错了，也要积极地肯定大学生其他的良好行为。通过这些措施，大学生会感受到探究成功的喜悦，从而不断地培养和发展自身的学习兴趣。在新课程教育的探索过程中，我们不但要重视教育形式的创新，更要挖掘教育活动过程的隐性价值，要让大学生参与到每一个活动的设计、组织中来，以发挥广大学生的主体参与意识和热情。在这里，大学生不单是高校教育活动的实施对象，更是教师的伙伴和自我教育的导师。

(三) 闭路电视在道德教育中的创新应用

高校通过闭路电视系统，让各个历史阶段、各个行业中有代表性的人物进入课堂，走近大学生，用精彩的人生和感人的事迹去熏陶并感染大学生的心灵。通过"看、评、想"，把榜样的业绩与自己的行为联系起来，使大学生把影视形象中的真情实感逐渐化为自觉的实际行动。

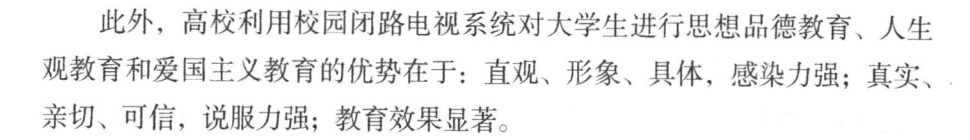

此外，高校利用校园闭路电视系统对大学生进行思想品德教育、人生观教育和爱国主义教育的优势在于：直观、形象、具体，感染力强；真实、亲切、可信，说服力强；教育效果显著。

(四) 利用闭路电视积极建设课堂教学辅助资源

高校积累的优秀教育资源应该在课堂教学中加以应用。高校许多一线教师在教学实践中自制了大量的视频资源，这些资源大部分质量非常高，但大多是谁制作谁保存、谁使用，属于教师的"私有财产"，无法交流和推广，从某种程度上看这是教育资源的浪费。虽然我们对电视系统如何辅助教学尚未形成系统的模式，但由于在实践中坚持不懈地尝试，很多课程取得了良好的效果。

此外，在教学应用之后，高校可以科学地挑选出优秀的视频资源作品，也及时共享给其他教师使用，从而实现教学辅助资源的不断补充，调动教师在课程资源建设中的创造性。使大学生的知识积累更加丰富、能力更强、素质方面更加成熟，对知识的追求和探索具有更大的积极性和主动性。运用这一系统，优化了高校教学过程，具有提高高校教学效率和教学效果的功能。

二、闭路电视系统的总体设计

(一) 系统总体的结构

高校整个闭路电视系统由卫星电视节目接收系统、本地无线电视节目接收系统、调制与混合系统、放大与分配系统以及用于进行电视会议的摄像系统与拾音系统等构成。

(二) 卫星电视节目接收系统

高校卫星电视节目接收系统采用廉价的、质量较好的家用型就可以，因为目前卫星传送的电视节目大多数已经数字化，只要信号强度超过门槛，接收机便可稳定地解码，并输出质量达到 DVD 级的音视频信号，而无须使用价格昂贵的工程机。考虑到目前传送国内免费电视节目最多的卫星是亚洲3S号同步卫星，且是 C 波段的最多，我国大部分高校采用 1.5m 天线便可稳定接收，所以卫星天线可用质量较好的中卫或其他品牌的 1.5m 正馈天线，高频头采用 C 波段的双本振多用户型的，以方便同时接收多套节目。若想接收与传送更多的节目，可考虑一锅多星方案或多面天线对准不同卫星的接收方案。

卫星天线做好对星调整并固定后，由高频头降频后的卫星信号，经功分器分配至各卫星接收机，各卫星接收机将各套电视节目解调出音视频信号，再送到调制器进行调制，得到系统要传送的各频道射频信号，最后经放大后分配到高校各终端电视机。

(三) 本地电视节目接收系统

一般情况下，在高校本地都有若干套无线传送的电视节目，这些电视节目也要纳入传送系统，但不能将这些节目的射频信号直接混入系统进行传送，原因是正常混合进入系统的射频信号与串入系统的信号存在时间差，会造成严重的重影现象，不能保证高校本地节目的传送质量。

解决高校本地无线电视节目的传送问题，有两个方案。一是无线电视信号经室外天线传送至接收电路转换为音视频信号，再由调制器调制为某一频道的射频信号。这一方案每套本地无线电视节目都需要一套由高频头和中放电路构成的接收电路，并占用一台调制器。这个方案能很方便地实现，但由于要增加调制器，所以成本较高。

另外一个方案是采用差频的方法，即高校无线电视信号经室外天线传送至差频电路，将信号的载频差频到所需的频道，然后再混入系统一起传送。这个方案由于每套无线电视节目仅需一套差频电路，成本最低，且信号处理电路环节少，更能保证信号的传送质量。当然这个方案也有缺点，就是市场上买不到现成的差频器，只能自制或定做。

差频器自制，较为简单且成功率较高的方案是采用现成的电视机高频头改造而成，改装后所得的差频器高放与输入回路的中频输出调谐和本机振荡的调谐是分开进行的，且增加了末级的差频放大级、增益控制和 AFC 等电路差频便是我们所需要的输出频道频率。另外，增加的电路所采用的元件必须是低噪声系数，原高频头的本振三极管也必须换成低噪声系数，只有这样才能保证差频电路输出信号的质量。

改制时需要用扫频仪进行调试。需要调整的部位有原中频输出谐振回路、增加的 AFC 电路和差频输出后放大电路的相关谐振回路。可将原中频输出谐振回路拆下，用扫频仪监测，通过更换电容或改变电感匝数来改变谐振频率，使它变换为我们所需要的频道频率，其他谐振回路的调试方法则是相同的。

(四) 闭路电视系统的防雷设计

1. 前端设备的防雷

前端设备有室外和室内安装两种情况，安装在室内的设备一般不会遭受直击雷击，但需考虑防止雷电对设备的侵害，而室外的设备则需考虑防止雷击。

前端设备如摄像机头应置于接闪器 (避雷针或其他接闪导体) 有效保护范围之内，当摄像机独立架设时，避雷针最好距离摄像机 3~4m。如有困难，避雷针也可以架设在摄像机的支撑杆上，引下线可直接利用金属杆本身或选用中 8 的镀锌圆钢，为防止电磁感应，摄像机的电源线和信号线应进行金属屏蔽，为防止雷电波沿线侵入前端设备，应在设备前的每条线路上加接避雷器，如电源线 (220V 或 DC12V)、视频线、信号线和云台控制线。

摄像机的电源一般使用 AC220V 或 DC12V。摄像机由直流变压器供电的，单相电源避雷器应串联或并联在直流变压器前端，如直流电源线传输距离大于 15m，则摄像机端还应串接压直流避雷器。

2. 传输线路的防雷

传输线路的防雷主要是传输信号线和电源线，室外摄像机的电源可以从终端设备引入，也可以从监视点附近的电源引入。控制信号传输线的报警线一般选用铜芯屏蔽软件线，架设 (或敷设) 在前端与终端之间。

从防雷角度讲，直埋敷设方式防雷效果最佳，架空线最容易遭到雷击，并且破坏性大，波及范围广，为避免首尾端设备损坏，架空线传输时应在每一电杆上做接地处理，架空线缆的吊线和架空线缆线路中的金属管道均应接地，中间放大器输入端的信号源和电源均应分别接入合适的避雷器。

传输线埋地敷设并不能阻止雷击设备的发生，大量的事实显示，雷击造成埋地线缆故障，大约占故障的 30%，即使雷击的地方比较远，也仍然会有部分雷电流流入电缆，所以采用带屏蔽层的线缆或将线缆穿钢管埋地敷设，保持钢管的电气连通，对防护电磁干扰和电磁感应非常有效，这主要是由于金属管的屏蔽作用和雷电流的集肤效应。如电缆全程穿过金属管有困难时，可在电缆入终端和前端设备前穿过金属管理地引入，但埋地长度不得小于5m，在入户端将电缆金属外皮、钢管同防雷接地装置相连。

3. 接地方法

电视系统应有良好的防雷接地，以保证人身安全以及防干扰和雷击。设备的工作接地电阻应小于4Ω，当系统采用综合接地网时，接地电阻应小于1Ω，防雷接地应采用专用接地干线。由控制室引入接地，专用接地干线采用铜芯绝缘导线或电缆。接地线截面面积不应小于20mm²，系统的接地线不能与强电交流的地线以及电网零线短接或混接，接地线不能形成封闭回路。由控制室引到系统其他各设备的接地线，应选用铜芯绝缘软线，其截面面积不应小于4mm²，系统一般可采用单点接地，系统中三芯电源插座的接地端，应与系统的接地端相连（保护地线）。

三、高校演播室的建设

演播室是开展新闻制作、影视动画、文艺编导、播音与主持等专业的重要教学装备之一，是大学生学习相关课程制作必不可少的实验场地。近年来，全国高校由于新闻、影视动画等相关专业的开设及教学和科研的需要，纷纷在学校内建设教学用影视演播室。

(一) 高校演播室的空间建设

高校传统的演播室由空间上相互隔离的演播区、导播设备系统控制区和后期编辑录音区三大部分组成。随着视觉传媒的不断丰富，高校对动态媒体节目多样化的要求也在不断提高，动态媒体节目制作形式也在不断丰富和发展，开放式演播室的设计理念开始成为演播室的发展趋势。开放式演播室是指将演播区、导播设备系统控制区等功能区域有机地融合在一个空间里，使工作场景成为实时演播场景。

与传统的演播室比较，高校开放式演播室既是演播室节目录制区，又是日常节目编辑制作区，功能更加先进多样，工作流程更加流畅、高效，能让电视节目形式更加丰富和展现更强烈的现场感。因此，在设计上也要求视频系统、音频系统、通话系统、灯光系统、空调动力系统等各系统性更加优越、稳定，各系统之间相互配合更加科学、高效。同时，因为多个功能区集中在一个大的开放空间里，而各功能区工作场景又同时是演播场景，所以高校演播室功能区创意设计也非常重要，以现代传媒观念和多视角、多场景、多机位、多功能的开放式演播理念，将艺术性和实用性相结合对演播厅科学合理地进行创意设计，使高校演播室成为一个多视角、多场景、多机位、多功能的开放式演播室，以满足开放式、多功能的要求。

（二）高校演播室的照明建设

按照《演播室灯光系统设计规范》的规定，高校彩色电视照明要求光源的显色指数（Ra）不低于85。如果光源的显色指数过低，彩色画面的色彩质量就会受到较大影响。也就是说，显色指数低于85的光源是不能在演播室中使用的。从拍摄镜头的需要来看，高校演播室应当装备足够的灯光照明用具，按照摄制要求布光，以保证图像层次分明，色彩接近真实景物。

同时为满足多视角、多场景、多机位高清演播的要求，需保证高校整个演播区有均匀的面光、侧光、造型光等。曾有些高校为了节省投资，在演播室中没有使用高显色三基色荧光灯，而是使用普通日光灯。普通日光灯的显色指数大约为70，它严重缺少红光，因此，我们看到节目画面中人的脸色严重偏蓝，这种情况是不符合视频专业制作要求的。

鉴于高校的演播室内部空间比较小，所需光的投射无需很远，所以在设计时要考虑冷光源和聚光灯合用，采用高显色三基色荧光灯，它的光源显色指数（Ra）可达到90以上（一般摄像机的要求为85以上），这既保持了白炽灯的优点，又可避免红外光带来的能量损耗。它以柔和的散色光，淡化了被照物体上的光影，使画面更洁净。高显色三基色荧光灯灯管寿命达到10000～15000小时以上，使运行成本大降低。若每天使用8小时，也可使用3～5年。由于投射距离对层高的要求低，高3～5m即可，可根据高校演播室的结构而设置环形冷光灯并可安装移动滑轨和简单升降设备，以利于小景区变化的需要，所以冷光灯特别适合在高校这样的中小型演播室中使用。

（三）高校演播室的设备配置

高校以教学为主的演播室由于受到场地、资金的限制，因此要根据演播室工作流程选用性能价格比高的设备。

此外，还要考虑以下几点因素。

其一，技术上能够支持数据、语音、视像等多媒体应用，视频标准应遵循国际化标准，根据现有的设备进行合理配套，使得新老设备均能正常使用。

其二，为高校今后的软硬件升级换代事先预留出应用端口，并提供开放性的解决方案。

其三，支持多种视频格式、多种接口设置和多媒体实际应用。

其四，选用符合发展潮流的国际标准的软硬件技术，以便系统具备可靠性强、可扩展和可升级等特点，保证今后高校可迅速采用视频网络化发展中出现的新技术，同时为现存不同的视频设备(摄像机、录像机、切换台、字幕机等设备)提供互联手段。

(四) 高校演播室的声学建设

高校演播室的声学设计，目的是控制音源和创造良好的室内音质条件，保证录制节目的音质。演播室的重要声学性能指标是混响效果，评价混响效果的尺度是混响时间，混响时间太长，字音浑浊不清并且会有回音，混响时间太短，字音干枯无力，讲话费劲。理想的混响时间会使声音洪亮、清晰、悦耳、音域宽，讲话舒畅省力。对于高校小型演播室合适的混响时间，应该控制在0.5秒或更低，影响演播室混响时间的因素常为建筑结构、墙壁地面的吸音效果、通风、空调、噪声等。由于现在高校教学演播室用房多是相对壁面平行的建筑结构，我们可从室内装修上通过改造使之不平行，演播室四壁和地面合理地使用吸声材料做吸声处理，能有效控制混响时间。常用的装饰材料有薄板穿孔吸声结构、空气吸声体等，内填的吸声材料有玻璃棉、矿棉、聚氨酯塑料等多微孔材料，也在高校演播室内挂帘幕是调整吸声量的好方法。此外，将多种方法配合使用，也可达到理想效果。

另外，高校演播室不宜采用自然通风换气的方式，而应采用现代化的无声空调装置。

(五) 高校演播室的噪声控制

演播室的噪声问题一直是困扰一些高校电教中心演播室的大问题,给工作带来很多不便,这些噪声主要有环境噪声和中央空调噪声两大类。环境噪声的来源和成分比较复杂,解决办法主要是远离和避免。中央空调的噪声源主要有三个:风机、电机和管道腔(共振),其中风机是最主要的噪声源。

1. 环境噪声控制

环境噪声来源复杂,一般只能从高校演播室的选址和用房设计上加以考虑。由于演播室的职能特点,选址和用房设计上必须遵循以下原则:避开噪声源,隔离噪声,减少环境温度的影响。演播室应设于高校大楼的中间几层,避开机械振源(城市街道、工地、场矿、铁道、机场等),相邻上下两层为静室(如陈列室、库房等),可以减小来自上下的噪声,四周为隔声室,减小来自四周的噪声。只有这样才能保证为高校演播室提供一个安静和气温适宜的环境,使其不受干扰,自然进入角色。

2. 电机噪声的控制方法

电机的类型不同,噪声控制方法也不同。一般高校电视台及高校演播室的电机,原则上应以小功率为宜。可采用的降噪办法如下。

一是风冷系统降噪。正确地选择风扇叶片形状和尺寸、通风口形状和大小以及合理的风道,以利于降低噪声,购进电机时一定要注意其风冷系统的噪声系数要尽可能小。

二是加装消声器和消声筒。在电机辐射噪声(空气动力性噪声)最强的部位加装消声器,在冷却风扇处加套消声筒。要求消声效果好,且不影响电机的冷却散热,拆装方便。

三是设置全装式隔声罩。电机隔声罩与别的机组的隔声罩原理相同,但鉴于电机的冷却散热要求严格,设计隔声罩要注意罩内要有足够的空间做储气室(隔声罩内壁与电机外缘距离不小于 50~70cm),隔声罩还要有足够的进出气通流面积。对电机的机壳和底座使用隔声软垫,以缓解振动,减小噪声。为隔离基础振动,可以在电机下安装减振器或设计专门的隔振基。

如果电机装上消声器、隔声罩,缓解隔离了基础振动,再把它设计安装到隔声室中,机位远离高校演播室,那么由此引起的噪声就完全可以被降下来。

3. 风机噪声的控制方法

可采用的风机噪声控制办法如下。

一是轴流风机噪声大,不适于演播室。在风机进出口管道上安装风机的消声器,目前国内外均采用阻性消声器。

二是风机加装隔声罩。在加装隔声罩时应注意选择与之配套的通风冷却方法及该种方法的减噪。比较适于给高校演播室中央空调风机通风冷却的方法有三种:自扇通风冷却法;负压吸冷却法;罩内气循环通风法。

三是输气管道上除了加装消声器外,还可以延长管道、改变管道的行走方向、在管道内壁贴阻尼材料和吸声材料。在管道设置上也可采用多级增粗的管道,由风机出来的气流先进入较粗的管道,这样可以减慢风速,再利用消声设施消声并缓冲涡流,甚至用这种多级单元,使气流慢速流入高校演播室,还可以利用空气对流的特点使其在管道最后段自动循环进入演播室。对风机的机壳、底座既可以使用隔声软垫,也可以在风机下安装减振器或隔振基。

4. 机房噪声的综合治理措施

高校演播室中央空调一般都有专门的空调机房,可以把机房改造成隔声间,设置于远离演播室的地方,两者中间相隔数层房屋最好,以降低噪声。

机房隔声间可以用砖砌,一层24cm厚的砖墙,隔声量约为50db。砖墙的灰缝要抹实,门、窗等要按隔声技术严格进行设计和施工。在隔声间内悬挂吸声体,在房间内表面布置吸声材料。

四、高校校园电视台的建设

(一) 高校校园电视台的职能

1. 记录历史

高校校园电视台的诞生,就起源于高校希望能留存住一些重大事件、重大活动、重要人物的音像资料。在日常工作中,保证新闻或资料性的拍摄,仍然是高校校园电视台工作量最大也是最重要的任务。

2. 促进交流

高校校园电视的受众是同处一个校园环境中的师生,他们有许多共同的情景或话题。高校校园电视能最大限度地激发他们的共鸣和亲切感,不但使其产生交流的热情,促进工作的进步和自我的成长,而且也能积累可借鉴的经验和心理情感的满足。

3. 服务师生

高校校园电视首先要为师生提供他们所需要的信息和知识,为他们的学习和工作创造良好环境,为他们的生活带来便利和帮助。在此基础上,在节目的制作和编排中,应尽可能以丰富多彩、风格突出、持之以恒的节目来潜移默化地实现高校的宣传和教育目标。

4. 传承文化

高校校园电视能够方便直观地把声像信息"广播"给广大师生,无疑是传承校园文化最好的载体之一。另外,当高校校园电视被师生们逐渐接受、喜爱并成为日常生活的一部分之后,它本身也就成了校园文化的有机成分,不但传承文化,也塑造文化。

高校校园电视台通过电视台的新闻、专题等栏目,以宣传典型、专访、座谈、辩论等形式,全方位、立体化、声像并茂、生动形象地对师生进行爱国主义、集体主义、社会主义教育,强化大学生正确的社会道德观,使他们树立正确的人生观和价值观。还可以通过典型事例的剖析,帮助他们从心理上对是非、美丑等做出正确的判断和选择,自觉地追求高品位、高格调的学习、工作和生活方式。

同时,高校校园电视台的收视对象是学校师生,特别是大学生,他们的年龄、文化和心理相对稳定,电视台可以通过宣传党和国家的方针、政策,传达、宣传学校的重大决策、重要决定、重要意图及政令,报道学校的教学、科研、后勤服务、大学生工作、党建与思想政治工作等方方面面的信息,以此提高高校大学生的思想道德素质,为学校提供良好的舆论环境,为育人服务。

高校校园电视台还可以系统地播送精神文明教育、学术讲座、外语节目、师生文体活动、电视连续剧等。这样不仅活跃了校内文化生活,而且也增强了师生的凝聚力和向心力。

(二) 高校校园电视台的设备选型

建设高校校园电视台，摄、录、编设备的选择配置是很重要的环节。选择设备必须坚持实用、更新周期长、节目质量合适、经费允许四大原则。适合校园电视台的摄、录、编设备品种繁多，发展更新很快，价格变化也很大，高校在购置设备前需多做调查，根据实际情况并为兼顾今后发展做好规划。

1. 视频设备

摄像机作为最重要的信号源设备，在视频系统中占有重要地位，并对节目的质量起关键作用。一般演播室拍摄均设置多台摄像机，为了保证高质量的信号源，应采用具有高稳定性和高可靠性的数字摄像机。由于数字摄像机采用了 DSP（数字信号处理）技术，使它具备了适应亮色控制，适应细节控制、肤色细节控制和肤色自动光圈控制等许多模拟摄像机所不具备的功能。其灵敏度、信噪比和分辨率都是模拟摄像机无法比拟的。外景拍摄由于具有场地不固定、流动性强的特点，建议选用体积小、重量轻、操作方便、耗电少的便携设备。

从技术发展来看，在相当长的一段时间内，盘基的制作、存储和播出系统还无法完全取代带基的制作、存储和播出系统。因此，记录格式的选型直接关系到今后全台如何实现向数字化的平稳过渡，目前市场上的数字记录格式比较多，如何选择，是在系统设计时必须要考虑的。在选择时，既要考虑对现有数字记录格式的兼容性，又要确保具有高质量性、高稳定性、高可靠性、低维护费用和较高的性价比，以保证向数字化的平稳过渡。我们推荐校园电视台采用 DVCAM 格式，DVCAM 格式数字录像机能兼容重放 DV 格式磁带，并且很多电视台都有 DVCAM 格式数字录像机，这样高校校园电视台制作的节目就可以直接送到电视台播出了。

视频切换台是节目制作系统的核心，是信号输入、输出的枢纽，其性能指标在系统集成中是至关重要的。数字切换台的输入是多路的，要求每路的亮度、色度等均可调整，当需要变更信号的顺序时，很容易通过菜单改变，视频输入信号在切换台上直接切出，也可对任意二路输入信号作特技，并在切换台的下游键插入所需的字幕和图形等。

2. 音频设备

传声器是原始声源的输入口,其质量优劣、选用的合适与否、使用的方法都直接或间接地影响电视节目的质量。传声器在选择和使用的特点有四多,即"数量多、使用多、种类多、缺点多"。传声器是音频系统中配置数量最多的信号源设备,是音频处理过程中的第一个环节,同时,受目前技术制约,也是声音处理过程中的最薄弱环节。

所以,传声器的选择就显得尤为重要。在高校校园电视台的音频系统配置上,要尽可能选择灵敏度高、频率响应范围宽、失真小的电容式传声器。调音台是音频系统的核心设备,主要负责将多路声音信号进行处理再加以混合,产生多路输出,送至广播设备进行播出,或送到扩音机直接推动扬声器发声,在选择时应尽可能选择接口丰富、调整功能齐全的调音台。

3. 后期编辑设备

现在电视台用于后期制作的设备中磁带机比较多,主要原因是操作方式比较传统,编辑人员使用熟练。但是这些设备价格都比较昂贵,早期建立电视台的高校还在使用它。

非线性编辑机是近几年才出现的设备,目前设备的价格比磁带编辑机要低很多,并具有可对原始素材进行无损复制、在进行音视频节目编辑的同时还可处理文字、图形、图像和动画等多种形式的素材等一系列优点。建议高校新建校园电视台采用非线性编辑系统,用于电视节目的后期制作。

4. 播出设备

一般来讲,高校都配有闭路电视系统,节目的播出直接进入该系统即可。大型电视台的播出设备是一个庞大的系统,频道多,播出时间长,各节目之间安排严谨,自动化程度高。操作起来相对复杂,高校校园电视台很难做到,也没有必要。高校可以采用比较简单的播出系统,由于播出的时间不长,人工操作就可以了。

近几年来,高校都架设了校园局域网,利用局域网传送电视节目,不管使用电视还是使用计算机,都能看到校园电视台的节目。在选择播出系统时,可优先考虑接入校园局域网。

(三) 高校校园电视台的播控系统建设

播控系统是高校校园电视台的中枢和核心，主要进行自办节目播出、其他电视台节目转播、现场直播信号切换，以及信号的编码、调制、解调、变频、放大等处理。因此，播控系统设计的合理性和稳定性将直接决定高校校园电视台的各项性能指标。

1. 播控系统简介

为充分利用现有有线电视设备和传输网络，确保节目安全可靠地播出和传输，高校将校园电视台播控系统和原有线电视网络前端设备有机结合并加以适当改造后，从而建立一个功能完善、技术先进、扩展灵活、稳定可靠、经济实用的播控系统。此系统可实现卫星电视节目接收、自办节目播出、其他电视台节目转播、电视现场直播、网络点播/同步直播等功能，同时，兼容模拟/数字信号处理，采用同轴电缆/光缆和模拟/数字信号同步传输的解决方案，使其发挥最大功用。

2. 播控系统组成及工作原理

高校播控系统主要由CATV邻频前端系统（对原有模拟前端进行数字化改造）、DVD、硬盘播出系统、DVCAM数字录像机、音视频切换器、台标/字幕机、视频服务器、视频编码工作站等设备构成。

高校播控系统的基本工作原理是：首先将所有自办节目信号、现场直播信号、CATV信号通过音视频切换器，选择其中一路音视频信号输出（被选择节目可通过输出监视器进行预览），为了让高校师生对本频道便于识别，还需将音视频切换器的视频输出端与台标/字幕机的视频输入端相连，从而实现对所播出节目的台标和字幕叠加，最终效果还可以通过末端监视器进行预览。至此，对最终所要对外传输节目的前期处理就完成了。然后，将音视频切换器输出的音频信号和台标/字幕系统输出的视频信号分成三路传输：一路输入至模拟电视调制器；另一路音视频信号输出端则通过MPEG编码器、QAM调制器、上变频放大器（将播出节目信号上变频到电视视频道）与多路混合器相连，最终与CATV信号进行混合传输；第三路音视频信号则送入网络视频直播/点播系统。

3. 网络直播/点播系统

随着视频技术和流媒体技术的不断发展，网络视频传输（含网络直播和网络点播）已经逐渐普及开来。网络直播/点播系统可实现高校自办电视节目或其他直播节目与电视同步直播的功能，对于进行电视教学、召开视频会议等活动尤为实用。如果高校在进行校园电视台建设时能充分利用网络优势，实现网络视频直播和点播的功能，则必将为教育教学、管理、内部宣传等方面提供莫大的便捷性。

网络直播/点播系统的工作原理是：将音视频切换器输出的音频信号和多通道台标/字幕系统输出的视频信号输出端分别与视频编码工作站采集卡的音视频输入端相连，经视频编码工作站进行视频编码、压缩等处理后，将原有音视频信号生成实时的数字视频码流（如 MPEG-4、RM、RMVB、WMV 等），然后通过千兆交换机与视频服务器进行连接，再由服务器与高校校园网或因特网进行连接，从而真正实现网络视频的同步直播。除直播以外，还可将某些节目直接以流媒体格式放在视频服务器上，并建立相关网页，以供点播。

（四）高校校园电视台的直播系统建设

高校直播系统是现场直播的核心组成部分，主要进行现场图像与声音采集、切换、特技处理等工作，同时将所要播出节目的音视频信号通过同轴电缆系统或光缆系统回传至电视台播控中心进行台标叠加后最终切换播出。因此，该系统设计的合理性和科学性将影响到整个直播节目的最终播出和收看效果。

高校直播系统将特技切换台和调音台输出的音视频信号通过视频分配器分成三路：一路音视频输出信号直接与数字录像机音视频输入端连接，以作为直播备份；另一路音视频输出信号通过模拟调制器调制处理后，与混合器输出端相连；还有一路音视频输出信号经 MPEG-2 编码器进行数字化处理后，经 QAM 调制器进行数字调制后，通过上变频器与混合器输入端相连，通过混合器与模拟信号进行混合。最后，将混合器输出的信号经放大器放大后分别送入光发射机或同轴电缆直播干线回传至电视台播控系统。

第五节　高校外语调频台的建设

一、高校外语调频台的作用

现在，高校教学已经逐渐认识到，良好的英语语言环境是学好英语的重要条件之一。研究证明，广泛地接触目标语言，特别是以阅读、听说等方式广泛接触目标语言为母语的人，对学好外语是非常关键的。由于语言同社会文化关系密切，一般要亲眼见过或者"亲耳"听过母语使用者在不同情景下的表达方式，才能正确使用。也就是说，外语学习的实践性很强，需要在一定的环境内进行相当长时间的操练，才能见到成效。在构建英语学习环境方面，英语调频台有比较大的优势。调频台不但能以比较低的成本营建校园英语学习环境，还可以丰富高校的文化生活。

根据笔者的亲身体会和观察，收听英语广播节目比观看英语电影/电视的效果都要好一些。收听时注意力更加集中，更有利于调动、训练收听者的预测、推理、判断等听力技巧。

如果把英语学习环境分为课堂微观环境和课外宏观环境，外语调频台不仅是英语环境的一个构成部分，同时还可以很好地把其他部分联系起来。以清华大学外语调频台为例，由于采用了开放式的工作原则，无论是英语专业的大学生，还是其他专业的大学生，只要英语水平达到任用标准，都可以参与节目的采编和播音，使专业英语同大学英语进一步地联系在一起。同时，外语调频台同学校多种英语活动都建立了良好的互动关系。比如，调频台通告英语文化讲座、英语角、各类英语考试等活动信息，调频台为外教每周举办的一次英语文化讲座录音，在编辑加工后播出。这样不但增加了大学生的收听机会，也有利于资料的积累，为以后的英语调频节目库做准备。

二、高校外语调频台的技术优点

科学技术的整体发展，必然会促进无线调频技术的更新与发展，无线调频广播技术目前并没有落伍，而是随着科技的发展而进步了。从录音、编辑到播音，调频广播已经实现了数字化。据专家分析，数字音频广播（DAB）将会成为调幅、调频广播技术之后的第三代广播技术，而且，更高级的数字多媒体广播（Digital Multimedia Broadcasting DMB）技术也已进入广播专业人员的视线。

具体到节目编辑，由于计算机技术已经相当成熟，出现了功能齐全、界面直观友好的应用软件。有条件的高校，还可以利用功能更加强大的音频工作站编制、播出节目。发射机是高校校园调频广播的关键系统，因为目前的技术已经很完备，不但大缩小了机器的体积，降低了造价，增加了不少功能（如自动定时开关），而且机器的工作性能更加稳定。终端接收用的收音机也体现了技术的进步，比如性价比有了很大提高、功能越来越多（报时、照明）。近两年，袖珍数码收音机开始进入市场，对高校大学生有很强的吸引力。同其他高、精、尖技术相比，高校校园外语调频广播有以下几个方面的突出优势。

（一）投资少，伸缩自如

高校修建一个语音实验室，投资需要十几万元人民币，而高校校园调频广播的基本设备建设费用在 3000 元到 5000 元人民币。如果要建设进口设备的语音实验室，建设费用则会高达几十万元人民币，而配置相当完备的校园调频广播系统，所需费用也就 2 万元左右人民币，而且受益面很大，方圆几公里内的人都可以受益。

所谓伸缩自如，指的是升级、扩展方便。如果经费充足，完全可以将基本配置扩容，比如配置多台电脑并建立局域办公网络，以便备用和资源调配，又如增添 CD 播放机、调音台、MD 机、功放等比较专业的设备。这样，以几万元的资金就可以建立起一个完整的高校校园外语调频台系统。

用户端（这里主要是大学生）只要有收音机就可以收听。现在的收音机不但款式多样，性能有保障，价格也非常便宜。用户常用的调频收音机十几元，贵一点的也不过几十元。

近年来，多数高校由于扩招等原因，语音实验室等外语教学设施的利用相当紧张，甚至是一时难以跟上。利用高校校园外语调频广播，可以缓解这种教学矛盾，将外语听力教学从教室延伸、扩展到高校校园内更大的空间。

（二）方便稳定

通过高校校园外语无线调频广播，既经济又方便。其工作特点是辐射性和开放性较强，大学生无论是集体收听还是个人收听都可以，无论是在教室、操场，甚至是在食堂，都可以随时随地收听教学节目。

无线调频广播技术目前已经相当成熟，工作性能相当稳定。在音质优美流畅、工作稳定可靠方面，高校校园外语调频广播的优势是非常明显的。

（三）灵活性

由于技术的进步，一台发射机有两个甚至多个频点早已成为现实。利用这一技术特点，可以同时广播多个节目。具体到高校校园内的外语教学，就意味着可以针对不同班级的大学生，同时广播不同的外语听力教学或者自学材料。而自动定时开关、自动循环技术的应用，可以在无人值守的条件下实现定时广播、循环广播。多频点、自动定时开关、自动循环广播，可谓调频广播技术的一大飞跃，极大地提高了高校校园调频广播的灵活性。

此外，高校校园外语调频广播技术的灵活性还体现在投资规模上。教学经费紧张时，可以采用基本配置，以几千元的投入就可以保证节目的运转，经费宽裕时，可以采用比较高端的配置，提高录制、编播效果。

三、高校外语调频台的建设方案

由于高校多校区的特殊环境，使外语调频台在收听范围上存在一定的缺陷，管理上也存在不便，而流媒体技术的应用，正好能够解决外语调频台目前存在的问题。本文将针对这一解决方案，研究讨论在高校校园网上搭建一个基于流媒体技术的多校区一体化的调频台，使其从一个传统的调频台转化成管理灵活、收听范围广的数字调频台。

（一）设计结构

整个系统由三大部分组成：播控发射端、流媒体信号处理区、应用发射端。

(二)播控发射端

播控发射端由调频发射器、调音台、话筒及音源设备卡座等组成。其主要功能是将音源设备输出的信号输入调音台，由调音台混音后输出给流媒体编码解码系统和调频发射器。其中调频发射器将输入的信号对外发送，听众可通过调频信号接收器调频收音机接收信号并收听。

(三)流媒体信号处理区

流媒体信号处理区主要由三个系统组成：流媒体编码解码系统、流媒体直播服务器和流媒体解码编码系统。

1. 流媒体编码解码系统

流媒体编码解码系统由具备音频信号采集能力的专用计算机和运行其上的编码软件 Real Producer 共同完成。其主要功能是由音频采集卡实时捕获由播控发射端的调音台输入的音频信号，再由 Real Producer 对取得的音频信号进行编码，从而创建流媒体文件格式并发送给流媒体直播服务器。

2. 流媒体直播服务器

流媒体直播服务器是由流媒体服务器硬件平台与运行其上的流媒体服务器软件 Real Producer 共同完成，其主要功能是完成流媒体的存放、控制和发布。

3. 流媒体解码编码系统

流媒体解码编码系统由具备音频信号处理能力的专用计算机和运行其上的与编码对应的解码播放软件 Real Producer 共同完成。其主要功能是通过网络实时接收流媒体直播服务器的音频编码信号，由音频卡配合 RealProducer 解码后将信号输入到应用发射端的调音台。

(四)应用发射端

应用发射端由调频发射器、调音台、话筒及音源设备卡座、CD 机等组成。其主要功能是当来自流媒体解码(编码)系统音频信号输入到调音台后，由调音台混音后输出调频发射器。调频发射器将输入的信号对外发送，听众可通过调频信号接收器(调频收音机)接收信号并收听。应用发射端的其他设备如话筒及音源设备（卡座、CD 机等）输出的音频信号也可选择性地输入到调音台混音。

（五）网络支持

一个良好的网络环境是成功实现流媒体应用的基础，高带宽、低时延、不丢包是流媒体应用对网络环境的要求。为此我们在网络部署方面做了如下设计。

第一，高带宽接入。流媒体编码系统及流媒体服务器，及各个校区调频发射子系统采用千兆网卡接入校园网。

第二，采用 VLAN 技术为编码及服务系统提供专用子网。通过 VLAN 技术，一方面可以减少子网中的广播数据包提高带宽的利用率，另一方面可以减少校园网中其他用户对该子系统的影响。

第三，在校园网中部署 QoS 体系。利用带宽保证机制为本系统提供带宽保证，同时，通过区分服务及队列技术的应用为本系统的数据流提供高转发优先级。这样，即使在网络拥塞的情况下，该系统的数据流也能够得到保证。

第六节　教育技术多元化创新

一、建立协同学习网络教学平台

信息技术与 Internet 的飞速发展使远程教育成为现实。协同式教学方式使这些课程完全可以跨越地域、跨越学科和跨专业，所以它能吸引世界各地的大学生和教师积极参与其中，这也引起了教育界和全社会的广泛关注。这种以 Internet 为教育信息和课程承载、处理、传输平台的教学方式就是我们目前所说的网络教学。而其具体的实现方式则是协同式教学方式，是一种多个不同地域的教学资源及师资的合理化运用。

协同学习是指学习者在与他人相互作用的过程中所进行的学习。利用基于 Web 网络过程的协同学习环境，可以让多名大学生不受地域的限制，好像坐在一起进行某种问题的讨论。协同式学习环境是基于计算机辅助协同工作（Computer-supported Cooperactive Work，简称 CSCW）技术实现的，即一个群体中的多个成员同时使用分布式网络系统中的多台计算机协同工作，共同完成某项任务，这一思想体现了信息时代人们工作方式的群体性、交互性、分布性和协同性的客观要求。

(一) 协同学习网络教学平台的具体实施

协同学习网络教学平台，可分为三个阶段进行。

第一个阶段是准备阶段。这一阶段主要是教育目标和教学策略的确定，教学内容的选择和教学计划的编制。教学策略可以理解为教学方法，运用的目的是保证通过恰当的方式向学习者展示学习内容，并获得预期的成果。教学策略包括互动技巧、学习活动的安排、引起注意和增强记忆的手段等。在此阶段，教师要通过在网络环境下的协作和协同工作实现上述安排。

第二个阶段是网上教学阶段。这一阶段的主要任务是网上的实时教学，此阶段的主要方式是，在网络环境下采取类似视频网络会议的方式进行，用 M：M 教学方式在大学生和教师之间实时地进行交互式的讨论式教与学。

第三个阶段是网上答疑和辅导阶段。这一阶段的主要任务是强化和提高大学生的学习效果，这个过程在教师和大学生之间可以采用分时异步进行，也可以采用同步实时进行。协同式教学方式不仅仅是通过技术的使用来延伸课堂，更倾向于最大限度地建立学习者之间、学习者和学习资源之间的联系，而不论他们身在何处，这种联系的最有效方式就是互动性。

(二) 协同学习网络环境的构建

1. 协同学习网络环境的拓扑结构

系统采用普遍使用的浏览器／服务器（Browser/Server）结构。Web 服务器提供一个目录服务，以目录树的形式显示所有带标题的学习分组，以及登录到目录服务器但尚未加入分组的大学生，每个分组内列出参加学习的成员，组外成员可以随时申请加入感兴趣的分组，也可以单独发起讨论形成新的分组。

2. 协同学习网络环境的功能实现

协同学习网络教学系统为学习提供了较大的自由度，不仅可以支持个别式学习，还可支持协作式学习。在协同式网络教学系统的教学应用中，可以通过调整访问权限，从而实现个别式学习模式和协作式学习模式之间的切换，访问权限的修改由教师来控制。

利用协同式网络教学系统进行协作式学习时，需要该系统能把教师备课、分配大学生学习任务、布置作业、大学生根据教师要求进行学习、教师对大学生学习过程的控制管理、对大学生学习成绩进行评估等方面结合在一起，形成集成化软件系统。在该系统中，教师可以对大学生起到监控、指导等作用，大学生与大学生之间可以实现信息交流、相互协作、向其他同学提出问题等。

把教与学结合起来研究，使教与学成为一个统一体。把实现教学目的放在首位，根据教学目的设计教学内容，再根据教学对象、教学内容、教育技术和教学条件设计教学模式。由此可见，基于 Internet 环境下的协同学习网络教学平台，是对目前人们在网络教育时代教的一种有益的提示和补充。

二、建设混合学习平台

混合学习平台的建设是近年来在 E-Learning 研究领域中和企业发展研究中一个重要的新热点问题。"混合学习"是把传统学习方式的优势和数字化学习的优势结合起来，既要发挥教师引导、启发、监控教学过程的主导作用，又要重视大学生利用网络学习的自主性、积极性、主动性和创造性。通过二者的有机结合，实现高校远程开放教育"教与学"的最佳效果。

混合学习的理论依据。

1. 人—机—环境协同效益理论，系统科学的整体论、优化论。

2. 以人为本的理论，强调人们个性化的学习方式是不同的，适合于不同人的学习媒体也是不同的。

3. 不同问题要求用不同的解决方式（不同的媒体与传递方式），关键在于要针对特定的问题，提供恰当的混合方式。

4. 强调通过"教与学"的设计，构建以最低的投入获得最高效率的学习模式。

混合学习的关键是产生协同效应。混合型学习，不是胡乱的混合，或者强拉硬配，而是强调现代信息化教学手段与传统教学手段的有机结合，各种教学媒体、学习方式的协调应用。混合学习重点强调人、设备、环境和各种学习资源的优化组合、系统设计，要能产生"1+1＞2"的协同效应，并强调构建以最低的投入获得最高效率的学习方式。传统的教育强调以教师为中心，E-Learning 的本质是以"学习者为中心"。但是混合学习法不是两种教育的简单相加，而是在系统思想指导下，根据特定的教育思想、学科教学理论因人、因地制宜的一系列学习的设计方案。因此，混合学习设计也是一个学习系统工程——是采用系统科学的思想，把传统学习与 E-Learning 有机结合，对"教与学"过程中的诸要素进行系统设计，制定出一系列规范的教的程序、学的程序以及学习者相应的学习策略的体系。

三、建立网络直播教学平台

网络直播教学平台作为高校远程教育最常用、最基本的授课手段，应该通过精心的设计，为学习者提供最佳的教学条件、最及时的教学指导，取得最有效的教学效果，发挥最有效的网络功能。

（一）网络直播教学平台建设原则

1. 互动原则

基于互联网平台的网络直播教学平台设计，必须满足课堂设计的基本属性——课堂上师生间必要的互动。保持课堂活跃状态，可以有效地引导大学生进入积极学习的状态，调动大学生参加网络学习的积极性和乐趣，同时也可以调动教师教学的积极性和创造性。基于网络环境下网络直播课堂的交互有异地同步交互和同地异步交互两种，交互的效果取决于课前的设计。教学设计可划分为四方面的内容：教学需求分析、确定教学目标、制定教学策略、进行教学评价。

2. 简约原则

网络直播教学平台必须遵循远程教育的规律：每门课程每学期直播课堂活动不能过多，安排 2~3 次为宜，一般在期初、期中、期末。在课时安排上也要有一定的限制，每次以 2~3 学时为好，以启发性授课为主，精练的语言、简洁的图表可以体现简约原则。

3. 渲染原则

教学时仪态要自然、端庄大方,语言生动活泼、条理清晰、富有逻辑性,推理顺畅,表述准确,有较强的感染力,具有启发性,能调动大学生学习的主动性、积极性;备课充分,重点、难点突出,具有针对性,解决大学生学习过程中的实际问题;合理应用各种电视表现手段,素材多样化,丰富多彩,生动活泼,新颖但不花哨,尽可能调动大学生的眼、耳、手、脑、心、口等器官的协调认知能力,尽最大可能提高烘托和感染效果。

4. 导向原则

直播课堂不适宜按章节平铺直叙,必须以导学为主,辅导于学习中,讲授难点、重点、答疑、解惑、析疑、期末复习串讲,多讲案例,多作讲评,启发诱导,网络直播课堂的主讲教师要利用大学生的好奇心和求知欲,引导大学生学会学习、学会发现问题、学会解决问题的方法和途径。以问题的提出为课堂主线,可以激活大学生的思维,起到事半功倍的效果。

5. 共享原则

在浩瀚的网络资源海洋中,网络直播课堂应大量使用最新的学科动态,采用链接、下载、制作等方式,在课时有限的课堂上,把最新的学科前沿知识传授给大学生。

6. 自主原则

树立以大学生为中心、以"自主学习"为核心的网上教学过程教学设计理念。建立起符合开放教育特点、适应大学生远程个别化自主学习的网上教学过程模式。

7. 差异原则

要满足大学生在自主学习中的不同需求,照顾到大学生需求的差异性,就必须提高直播课堂的针对性。应通过有效整合多种媒体给大学生讲解知识,启发大学生的积极性和主动性。

8. 服务原则

网络直播课堂教学的关键点是"媒介"和"交互",核心是服务,良好的服务手段能够给予服务对象——大学生——以最大的精神满足感与愉悦感,有助于实现"以大学生自主学习为中心"的目标。在课程安排方面,安排好直播课堂播出时间和计划,尽可能在上学期结束前将下学期直播课堂播出时间在网上公布,以方便大学生和基层教学点。调整课程时,应提前在网上公布。直播课堂除了采用以教学单位组织的形式授课外,还应该为大学生提供"个别化"服务,提供技术支持服务,应用匹配的视频软件,经过身份校验,让大学生在家或单位就可登录网络直播课堂,实时地了解直播课堂现场情况。

9. 创新原则

由于知识更新速度的日新月异,学科的前沿也在不断向前发展,直播课堂的内容和水准不可能一劳永逸,也必须不断更新和创新。

(二) 网络直播教学平台设计的基本思路

网络直播教学平台目前通常采用以下形式:实时单向直播;实时双向直播;将制作好的课件非实时单向直播;虚拟课堂和现实课堂相结合,进行远程传播到各教学点;直播单位课后将以上各类直播课堂的场景变成流媒体(三分屏)放入服务器,静态供大学生点播或下载。针对不同的课程以及内容、授课对象、授课的目的,可选择不同的形式。教学设计可从四个方面的内容考虑:教学需求分析、确定教学目标、制定教学策略、进行教学评价。教学需求分析是教学设计的基础,教学目标的确定是根据社会对人才的需求、大学生的特征及具体教学的学科内容确定的,因此教学需求的分析必须从对学习需要、学习内容和大学生的分析入手,搞清楚大学生目前的学习水平与社会需要之间的差距。

网络直播教学平台中涉及的课程设计不同于常规的面授课课程设计,除了具备面授课课程设计的要求外,还必须满足远程教育的特征,创造师生处于准分离状态下的必要交流环境,因而网络直播教学课程设计必须兼顾教师有限的课堂教学时间和大学生充分的自主学习两个方面的需要。在设计网络直播教学课程过程中,应考虑以下因素。

1. 课程选定

选择网络直播教学课程要对课程进行必要的筛选,由于直播教学课堂的特殊要求,不是所有的课程都适合以直播课程的方式进行,要认真分析何种课程可以采用直播课堂方式提供,制订开课计划。对于案例分析、辅导课程、讨论课程等需要互动的课程采用直播课堂效果会好些。

2. 教案编写

编写教案，不仅要立足于引导大学生掌握教材基本内容，还应注意拓展大学生的知识视野。在以教研室为单位进行集体备课的基础上，编写好教案，设计好问题的引出，进行启发性的引导，还要开展必要的远程讨论，并准备好对结论的论证材料。

3. 资源整合

在网络直播课的教案设计中，整合网上资源是非常重要的一项内容。教师必须采集与课程相关的文本素材、图像素材、音频素材、视频素材、动画素材等进行整合、串通、有机搭配，内容有效互补，形成丰富、多彩的电子教案，提供个性化的学习环境。在有限的教学时间里，最大限度地展示有效的教学资源，最大限度地为大学生海量信息的获取提供有效的服务，以体现网络教学资源的广泛性、丰富性、开放性和实时性。

4. 在线交互

由于基于网络环境下直播课堂的交互是异地同步或异步交互，交互环境和交互内容是影响大学生参与交互学习的主要因素。所以，网络直播课堂绝对不是面授课程的简单传递，要保证直播的效果，互动是十分重要的手段，尤其是个性化互动。学习离不开与他人交互的环境，因为交互是人与生俱来的需要，也是教学的需要。

5. 虚拟仿真

在网络直播课堂中，若能将虚拟现实技术和仿真模拟结合起来，将是更高的要求、更大的优势，它既能创造出逼真的环境、场景，又可以模拟出不同条件下的现实情景，平时的学习和培训不易实现的现场，通过虚拟仿真得以实现。

6. 反馈机制

要有一套直播课堂的课程评价体系，从教学设计、视觉设计、语言设计、学习设计等方面来评判直播课堂的教学效果。通过专家和大学生两个方面，对于现有课程的网上教学过程建立起科学的评价标准，并进行跟踪观察与定期评价，以便及时做出教学调整。评价方式可以是多元的，如网上观察法、问卷调查法、教学检查、大学生座谈、形成性考核、终结性考试等，评价内容可以是全方位的，如从支持服务各要素到支持服务体系，甚至到开放

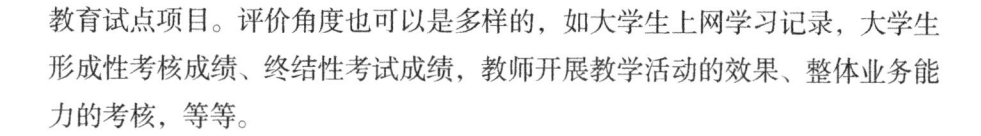

教育试点项目。评价角度也可以是多样的，如大学生上网学习记录，大学生形成性考核成绩、终结性考试成绩，教师开展教学活动的效果、整体业务能力的考核，等等。

第三章　信息化教育管理

　　信息化教育给学校的教学、科研带来了生机和活力，给现代社会文明的发展提供了先进的手段和有效的途径。近年来，学校的信息化教育机构逐步完善，信息化器材和设备、教育教材日益增加，现代教育在深入实践中快速发展。这种空前的发展规模和速度，给信息化教育管理者的工作带来了许多新课题。广泛开展信息化教育管理的研究，取得成功并推广使用，是推动信息化教育深入发展的重要一环，有助于提高信息化教育管理人员的业务素质和管理水平。

第一节　数字化教学中的管理与评价

　　数字化教学中的管理，是管理在教育人、培养人这一领域中的具体的、特定的应用，是建立在一般教育管理实践之上的为实现、适应乃至优化信息时代教育管理的实践活动，是为了优化信息化教育系统、提高系统整体功效所进行的各种协调活动的过程。评价能力是学习能力的重要组成部分，学习过程和学习资源是信息化教学的重要组成部分，也是信息化教学评价的主要评价对象。以下就数字化教学中的管理与评价进行探讨。

一、学习过程的管理

　　信息化教学中涉及的要素有很多，而学习资源与学习过程是最基本、最重要的组成部分。这里主要探讨的是学习过程的管理，学习资源的管理将在其他小节进行阐述。

　　随着网络技术的发展及其在教育中的广泛应用，大学生的学习方式也发生了很大的变化。通过各种学习媒体，人们可以进行自主学习或协作学习，学习不再受时空和地域的限制，终身学习和全民学习正逐渐成为现实，与此相对应，学习过程的管理也发生了较大的变化。学习过程的涉及面很广，但是从信息化教学的管理角度来说，主要涉及三个方面：学习过程的信息化管理、学校综合信息管理、远程教学过程管理与系统管理。

(一) 学习过程的信息化管理

学习过程的信息化管理就是利用计算机的数据统计分析和信息处理能力来支持教师的教学管理职能，帮助他们监测、调控、评价和指导大学生的学习过程，并且为他们提供有助于进行有效教学决策的重要信息，以便提高教学活动的效率。一般将教学的信息化管理称为 CMI（Computer Managed Instruction，计算机管理教学）。如果我们把教学过程看作一个由教师（或计算机）和大学生组成的信息传递系统，想要考察系统中大学生的行为表现，从中获得关于大学生学习情况的信息，进而根据情况及时调整教学策略，那么我们就需要用到 CMI 系统。

CMI 系统是一种比较复杂的信息管理系统，不同的 CMI 系统在结构与功能方面均不尽相同。概括来讲，一个 CMI 系统主要实现以下功能。

(1) 目标管理。允许教师描述教学目标。目标大小因系统管理水平高低而异，大到培养方案，小到教学单元都可以。

(2) 资源管理。以保证最有效地利用时间、空间和教学媒体为目的。通常是根据系统提供的处方为大学生分配资源，以保证教学的需要，是一种动态的、经常进行的资源分配。

(3) 教材管理。帮助教师收集、编制与管理各种学习材料，可以是计算机内存储的课件，也可以是关于其他媒体教材的索引。

(4) 习题生成。利用一定格式的习题模板自动生成问题。

(5) 题库管理。允许定义试题的格式与属性，提供试题存入、检索、修改与删除等功能。

(6) 测验生成。允许教师描述测试的目标、覆盖范围、难度等属性，根据要求自动从题库中抽取题目组成试卷，印出书面试卷供脱机测试，或保存为电子试卷供联机测试。

(7) 测试评分。对测验进行评分，现在有些智能化的测试系统能够进行适应性测试，即可根据被试者的表现即时调整试题难度与测试时间长短，尽量用最小的试题量测出被试者的真实水平。

(8) 学习诊断。目的是确定大学生的学习进程是否朝着预定的目标前进。就目前的多数系统来讲，一般只能做到表征性诊断，即根据大学生在单元测试中的结果，判定他在当前单元的学习中是否达到"掌握"程度。

(9) 学习处方。根据学习诊断的结果为大学生分派适当的学习任务，按其性质可分为前进处方与补救处方。

(10) 学习记录。CMI 系统的运行需要依赖大量的数据，包括静态数据与动态数据。静态数据诸如课程文件、大学生名册、教学资源等，大多是在系统建立时装入的。系统的学习记录则负责动态数据的采集，如测试数据、学习跟踪数据等。

(二) 学校综合信息管理

学校综合信息管理一般由教职工信息管理、教务管理、学籍管理、图书管理、总务管理等功能模块组成。

(1) 教职工信息管理。包括教职工人事档案、业务档案和继续教育情况等数据的录入、修改、查询、统计、分析、上报、发布。信息输入可采用代码方式或键盘方式，可按人逐个录入或按项目成批录入。管理者可通过系统快速、准确地进行查阅、统计、分析、汇总、上报、发布信息。系统本身提供开放式的功能，用户可根据学校的实际情况方便地修改档案库内容，建立自己所需要的档案库。

(2) 教务管理。包括教学计划管理、自动排课表管理和题库管理等。教学计划管理主要反映了各年级、各系和各学校教学计划的制订和执行情况。自动排课表是由计算机根据教学规律、课程特点、教师或大学生的特殊要求以及课程安排、班级和教师条件等各种限制因素，自动排出能满足上述多方面要求和限制的课表。题库管理系统包括题库系统、试卷管理、考试系统和系统维护四部分。题库设置的作用是满足各学科、各年级教学的平时练习、测试、水平考试与选拔考试的需要。智能化的题库管理系统还可以根据各种测试目的和要求，由系统配合人工辅助产生各种水平的试卷，同时，能根据测试结果对试卷进行标准化分析。

（3）学籍管理。学籍管理包括在校大学生和毕业生档案管理以及大学生成绩管理。

（4）图书管理。图书管理包括图书采购、编目、检索、借阅、催还、报损和报刊管理等功能，可以满足一般学校图书馆、资料室的需要。学校可采用条码识别器、IC卡来提高流通速度。使用系统提供的检索程序可方便大学生检索书目。

（5）总务管理。总务管理包括资金管理、校产管理、教职工住宿管理、设备管理、程控电话管理、校办食堂管理、校办产业管理、修缮及维护管理等内容。

（三）远程教学过程管理与系统管理

网络通信技术在教学中的应用使得网络教学逐渐成为远程教学的主导形式，探索基于网络的教学系统管理模式是信息化教学管理的重要课题。

（1）远程教学过程管理。远程教学过程管理主要涉及大学生管理、教师管理、专业及课程管理三个方面。

大学生管理包括大学生入学管理和大学生学籍管理。其中大学生学籍管理提供大学生注册、学习、成绩、毕业、学位等环节的管理。

教师管理包括教师远程教学档案管理、教师任职资格审查、教师任课及授课管理、教师考核及评价管理。

专业及课程管理包括专业设置和专业教学计划管理、课程设置和课程计划管理以及相应的教学计划、课程大纲与课程内容的发布等功能。

（2）远程教学的系统管理。远程教学的系统管理主要涉及用户管理和网络系统教学管理。用户管理包括用户组别管理、基于分组的用户管理、用户注册和用户账号管理、用户授予和认证管理、审计管理。网络系统教学管理包括网络故障管理、网络配置管理、网络性能管理、网络计费管理、网络安全管理。

二、面向学习过程的评价

面向学习过程的评价是指在描述测量学习过程和学习结果的基础上，根据教学目标对学习者进行价值判断。面向学习过程的评价是基于学习者在学习过程中的表现,关注的重点不仅是学到了什么知识,更注重学习者在学习过程中掌握了什么技能,以及在其中渗透出的情感、态度和价值观。

学习过程设计包含许多不同的教学形式与方法,不同的教学形式与方法也应该采取不同的评价方法,运用适当的评价工具。在面向学习过程的评价中有多种评价方法,如测验、调查、观察、学习契约、量规、文件夹评价等。下面重点探讨文件夹评价和学习契约这两种评价方法。

(一)文件夹评价(Portfolio Assessment)

学习文件夹用于存放大学生学习过程中产生的"学习成果",如文章、美术作品、文学作品、返回来的试卷、调查记录、报纸剪接、照片、会议记录等,把这些学习记录按照一定的顺序形成文档,用于对学习的回顾、自我评价以及包括课程在内的外部评价。因此,学习文件夹既是物品,又是一种思想方法,还是一种做法。一般在文件夹的制作过程中,大学生是选择文件夹内容的决策者与作品质量的仲裁者。

制作与使用文件夹,需要考虑三个指导因素:目的、评价标准及证物。

1. 目的

文件夹的目的在很大程度上决定了文件夹的形式及内容。如果文件夹的目的在于评价,那么文件夹收集的内容就要结构化或半结构化。文件夹评价内容及标准比较固定,大学生只是依据对评价标准的理解,围绕主题充分发挥,努力进取,尽可能地展现自己的学习成果与进步历程,教师需要花费很多的时间与精力指导大学生。若文件夹主要用来辅助教学,那么文件夹的生成建构可采用半结构型或非结构型,给大学生充分的自由发挥空间。

2. 评价标准

很多人都强调文件夹中应该有一个非常明确的评价标准、参量或行为指南来指导大学生的行为,规定他们应该做什么以及如何评分。在制定评价标准时,也要体现大学生的参与和他们对标准的理解。

3. 证物

证物包括以下几种:课堂作品;课外学习活动的再现资料;别人对学习者学习活动的陈述及观察;文件夹的特有文件,如学习者的个人反思等。在文件夹中采用这些证物,是因为它们都与要达到的既定目标密切相关,每一

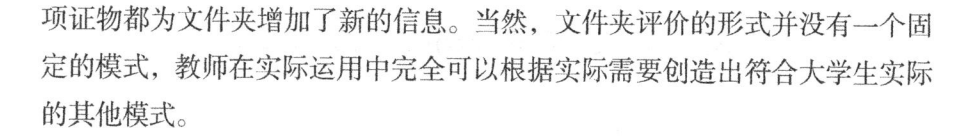

项证物都为文件夹增加了新的信息。当然，文件夹评价的形式并没有一个固定的模式，教师在实际运用中完全可以根据实际需要创造出符合大学生实际的其他模式。

（二）学习契约（Learning Contract）

学习契约是一种由大学生与指导教师共同设计的书面协议，它用来确定大学生学习的目标、达到目标的方法、学习活动进行的时间、完成活动的证据及确认这些证据的标准等。信息化教学的基本原则包括以"学"为主，以"任务驱动"和"问题解决"作为学习和研究活动的主线。为了让大学生在完成任务和解决问题时有一个具体的目标或依据，也为了客观合理地评价，学习契约这种评价方式是应该得到足够重视的。

学习契约可以说是学习者与教学者双方持续不断、一再商讨的协议过程，特别强调教学双方在做出决策中的相互关系及学习者对学习结果的自我评定。

设计学习契约要经过以下几个步骤。

（1）诊断学习需要。

（2）界定学习目标。

（3）确定学习资源及策略。

（4）确定完成学习目标的证据。

（5）选定评价证据的工具及标准。

（6）教学双方共同商讨学习契约。

（7）履行学习契约。

（8）评价学习活动。

制定学习契约的目的，主要是培养学习者规划学习的能力和加强学习者自主学习的责任心。

学习契约的实施要求：第一，先向学习者说明拟定学习契约的目的；第二，给学习者提供学习契约的范例，并说明要点；第三，要求学习者根据学习目标、学习方法、学习时间、学习成果等项目，列出切实可行的个人学习契约；第四，单独与学习者沟通，修正并确认契约内容；第五，按照契约进行学习，教学双方共同对学习过程及学习效果进行检查。

第二节　数字资源与教学过程管理

一、数字资源的管理

数字资源属于教学资源，随着科学教育技术在教学中的不断应用，各级各类学校都逐步积累了大量的教学资源，其中包括大量的数字资源，它们与传统资源一样应该得到科学合理的管理，这样才能在教学中发挥它们的作用。按照表现形态，可以将数字资源分为硬件资源和软件资源，下面主要采用这种分类方式对学习资源的管理进行分析。

(一) 硬件资源的管理

硬件资源是指在教学过程中可利用的、有形的、看得见的资源，如设备、设施、场所等。随着科学技术和教育事业的发展，硬件资源的种类和数量日益增多，对硬件资源进行科学化管理能够有效保障教育技术的充分应用。硬件资源的管理工作主要包括以下几点：计划与购置、验收和记账立卡、保管与使用、维护与修理、制定管理规章制度等。

1. 计划与购置

计划是决策的具体化，是实施各项管理活动的前提，也是检查管理效果的依据。相应的管理工作包括设备器材购置计划的编制、执行、检查和总结等基本环节。

在制订购置计划时，应对相关的因素进行综合考虑，包括本单位的近期工作目标、长远工作目标，经费预算，以及现用设备的使用状况。计划要力求客观、实际，注意"需要"和"可能"的统一。

2. 验收和记账立卡

做好设备验收工作，能够使仪器设备顺利投入使用，获取最大的经济效益。一切设备、材料采购到货后，要将发货票、说明书、附件等一并交给器材库管理人员详细检查、验收。

设备验收合格后，要建账、立卡，这是掌握设备器材数量、质量、资产和分布状况的基本手段。

3. 保管与使用

一切设备、仪器、工具、材料等都是公家财产，一定要好好保管，避免造成积压、损坏、发霉、变质、过期等浪费现象。保管时要将各种设备、仪器等器材存放得井井有条，需要时能方便快捷地找到，并且做到心中有数，知道各种设备的质量状况以及哪些设备需要更新等。

设备器材的主要作用是为教学提供物质条件，保证教学需要，因此使用是关键环节，一切设备与器材的保管都要以方便教学使用为目的。

4. 维护与修理

设备器材的维护、修理工作主要包括为设备器材放置提供合适的环境条件，做好日常维护工作，定期进行技术保养等。

5. 制定管理规章制度

要搞好设备管理，必须建立必要的规章制度，做到有章可循，有规可依。

(二) 软件资源的管理

1. 软件资源的含义

软件资源是指各种媒体化的教学材料和支持教学活动的工具性软件，是教学资源的重要组成部分。软件资源的不断丰富及有效的管理和应用，对于扩大教学规模、提高教学质量和教学效率以及培养现代化建设人才起着十分重要的作用。下面我们只讨论网络软件资源的管理。

网络软件资源类型包括五个大的类别：教育教学资源库、资源产品展示库、电子图书库、工具软件库、影片库。其中教育教学资源库是以《教育资源建设技术规范》或《全国中小学远程教育资源开发标准》为依据，并进一步划分为多媒体素材库、题库、案例库、课件与网络课件库、网络课程库、文献资料库等六类，具体内容包含多媒体素材、试题、案例、课件、网络课程、文献资料这六种与教育密切相关的教育教学资源。资源产品展示库是结合电子商务将与资源相关的产品进行展示，提供在线预览、订购，采用B2B 和 B2C 相结合的方式提供给下级教育行政部门或学校，同时也可通过直接面向用户（采用会员制）等多种方式实现资源的有偿使用。电子图书库是采用电子类图书的在线浏览或下载浏览的方式，将各类书籍在网上提供给用户，以避免重复购书及携带书籍的烦琐。工具软件库提供常用的共享软件以及各类硬件的驱动程序，方便用户使用。影片库是将各类影片根据不同播放格式、不同类型分类存放，用户可选择在线播放或下载观看。

2. 软件资源内容的管理

软件资源内容的管理包括以下几个方面的内容。

(1) 媒体素材库内容的管理要求。保证内容的安全性和可靠性；媒体素材内容的建立；要基于面向教育的元数据模型；提供高效搜索各类媒体素材的功能；提供由相关的各类媒体素材构建成不同教学内容的构建模型和有效设计方法；对构建好的素材内容提供下载或压缩下载功能；支持最大并发访问能力；保证系统的可扩展性。

(2) 网络题库内容的管理要求。保证内容的安全性、保密性和可靠性，支持最大并发访问能力，保证系统的可扩展性。

(3) 课件库、网络课程库内容的管理要求。保证内容的安全性和可靠性，提供对内容的多种检索和在线运行等功能，提供对内容的直接提取使用功能，支持最大并发访问能力，保证系统的可扩展性。

(4) 软件资源内容管理应具备的基本功能。可不断增加和更新教学资源，以满足各学科的课堂点播教学，满足大学生个别化学习，支持网上协作学习，支持远程教学。

(5) 软件资源的编目与保管是软件资源内容管理的基础性工作，从不同渠道搜集的软件资源要按一定的规则加以有序的编目和妥善的保管，以便大家共享和使用。

(6) 软件内容传输管理要求。支持多媒体上传和下载功能；保证多媒体传输的安全性、稳定性和保密性；集成现有的各种成熟技术和产品，保证传输的及时性和可靠性。

3. 软件资源库的管理

软件资源库应具备下列管理功能。

(1) 要保证用文字、图像、动画、音频、视频等多种媒体表达的典型案例或教学素材能方便、完整、规范地储存，并提供快速、准确、灵活的查询、检索和下载方式。

(2) 要提供一个开放性的环境，以便能随着教学改革和学科建设的需要不断充实、完善。

（3）要提供一个高效的网上素材查询、检索、传输和下载的管理环境。

（4）要有较强的用户管理、权限管理、计费管理等系统管理功能。

（5）可以实现信息的全文检索和分类检索。

4. 软件资源的质量管理

软件资源的质量，直接关系到教学的质量和效率，质量管理是教育技术管理的核心。因此，必须抓好软件资源质量管理工作。

（1）软件资源的质量要求。对软件资源，要从其思想性、科学性、教育性、艺术性和技术性五个方面来要求。其中软件资源的思想性、科学性、教育性是主要的，技术性和艺术性应该服从于前三个方面的要求。

（2）软件资源的审定。对于在课堂教学中使用的软件资源，特别是在中小学课堂使用的软件资源，必须经过有关机构审定后才能出版发行和投入使用。具体审定方法要参照教育部的有关规定。

（3）软件资源的出版发行和用户评价。对于软件资源，要做好出版发行的管理和用户评价等工作。它是促进软件资源建设、提高软件资源质量的重要措施。

二、教学过程的管理

教学过程的涉及面很广，但是从信息化教学的管理角度来说，主要有三个方面：学校综合信息管理、教学过程的信息化管理、远程教育中的教学过程管理。

（一）学校综合信息管理

学校综合信息管理主要由以下几部分构成。

1. 教职工信息管理

教职工信息管理包括教职工人事档案（教职工基本情况、个人简历、配偶及子女情况、考勤管理、工作量管理和异动情况）、业务档案（教学、工作安排、兼课兼职、科研、论著管理、奖惩情况和考核管理）和继续教育（自修情况、进修情况和培训情况）等数据的录入、修改、查询、统计、分析、上报及发布。

2. 教务管理

教务管理主要是对教学计划、自动排课表和题库等与教学方面相关的管理。教学计划管理主要反映了各年级、各系和全校教学计划的制订和执行情况。

自动排课表是指由计算机根据教学规律、课程特点、教师和大学生的特殊要求、课时安排以及班级和教师条件等各种限制因素，自动排出能满足上述多方面要求和限制的课表。

题库管理系统包括四大部分：一是试题库系统，二是试卷管理，三是考试系统，四是系统维护。

3. 学籍管理

学籍管理包括在校大学生和毕业生档案管理(基本情况、个人简历、家庭基本情况、奖惩情况、考核情况、考勤、异动)和大学生成绩档案管理(大学生信息的录入、修改、查询、统计、分析、上报、发布)。

4. 图书管理

图书管理主要是对学校图书馆、资料室中图书的管理。图书管理包括图书采购、编目、检索、借阅、催还、报损和报刊管理等功能，可以满足一般学校图书馆、资料室的需要。

5. 学校概要信息管理

学校概要信息管理包括学校基本情况(学校概况、校史、大事记)、学校办学特色、学校组织架构(行政架构、组织架构、学术团体)、学校达标情况、校友联络等数据的录入、修改、查询、统计、分析、上报、发布。

(二) 教学过程的信息化管理

在教学过程中引入信息化管理具有十分重要的意义，具体表现在以下两点。第一，通过计算机的数据统计分析和信息处理，能够帮助教师对大学生的学习过程进行有效监督与指导。第二，能够为教师教学决策的制定提供重要的信息，进而促进教学活动效果与效率的提升。教学的信息化管理即CMI。

现代管理科学的思想与计算机技术相结合，使CMI的实现成为可能。采用"行为目标"的概念后，如果从管理科学的观点来看待教学过程，这样的过程就变得工艺化了。大学生好比是生产线上的机器，吸收学习材料，产生行为目标，教师好比是生产线上的工人，其任务是投放原料（讲授）、监测机器（布置习题和批改作业）和检测产品（考评）。就像用计算机管理生产线一样，教学过程中的许多管理任务也可由计算机来完成。

（三）远程教育中的教学过程管理

远程教育中的教学过程管理主要涉及大学生管理、教师管理以及专业和课程管理三个方面。

1. 大学生管理

大学生管理包括大学生入学管理和大学生学籍管理。大学生学籍管理提供大学生注册、上课、考试、成绩、毕业、学位等环节的管理。

2. 教师管理

教师管理包括教师远程教学档案管理、教师任职资格审查、教师任课及授课管理、教师考核及评价管理。

3. 专业和课程管理

专业和课程管理包括专业设置和专业教学计划管理、课程设置和课程计划管理以及相应的教学计划、课程大纲及课程内容的发布功能。

第三节 教育信息化的领导与督导

一、教育信息化的领导

教育信息化领导，就是教育信息化建设的领导者充分行使自己的权力和承担自己应负的责任，并为下属机关和学校的教育信息化建设与发展提供优质服务，从而促使下属组织和成员实现教育信息化建设目标并实施以教育信息化推动教育现代化发展战略的过程。教育信息化领导是现代信息技术和教育发展到一定阶段的必然结果，是教育信息化背景下教育行政领导的主要表现形式之一。作为教育行政领导的核心内容和重要组成部分之一，教育信息化领导是把一般行政领导行为运用到教育信息化组织行为过程中。

(一) 教育信息化领导者的素质和群体结构

1. 教育信息化领导者的素质

教育信息化领导者的素质,包括自然素质和社会修养两方面的内容。前者主要指教育信息化领导者先天的生理和心理方面的身体特征,后者则指其后天所受的教育和实际锻炼。教育信息化领导者的素质除了先天的自然素质之外,主要是由其所担任的教育信息化领导工作的性质和职能所决定的。因此,不同层次的教育信息化领导者,其素质要求是不同的。从严格意义上来讲,教育信息化领导者的素质应当按领导者的层次及类别分别论述,但为避免文字叙述过于琐细,以下所阐述的是教育信息化领导者所应具备的一般的、共性的素质。

(1) 政治思想品德素质。教育信息化领导者必须具备良好的政治素质和高尚的思想品德修养,主要表现在以下三个方面。第一,具有正确的政治观点和远大的理想。教育信息化领导者要在思想上、政治上与党和国家的基本路线、方针、政策保持一致,能用马克思主义的观点和方法去分析、处理教育信息化建设过程中的一切问题,运用党和国家的相关教育政策、法规带领和引导广大教育工作者为实现教育信息化建设目标而积极奋斗。第二,具有正确的教育理念。教育信息化领导者要充分尊重和肯定人在教育中的地位和作用,注重人的主体性的发挥,要树立正确的教育理念,为教育信息化发展营造良好的氛围。教育信息化领导者要认真学习并在教育领域中积极落实党的教育方针,要充分认识到教育发展对经济社会发展的意义以及教育信息化建设对教育发展的重大意义,要注意促进教育信息化建设区域间以及自身内部诸要素的均衡、协调发展。第三,具有优良的领导作风和高尚的道德情操。在教育信息化背景下,领导者开拓进取的改革精神和踏实苦干的工作作风无疑是至关重要的。教育信息化建设的成效在于创新,创新就必须敢于开拓,而踏实苦干则可将改革精神转化为开创新局面的实际步骤,使教育信息化建设工作有所建树。此外,教育信息化领导者还必须具备实事求是的思想路线、公正廉洁的政治品质、强烈的责任感和事业心、以身作则和宽容大度的个人修养等,一般领导者应当具备的基本思想道德素质。

(2) 科学知识素质。教育信息化领导者应以党和国家关于教育及教育信息化发展的方针、政策、法规为指导，形成以教育科学、管理科学和现代信息技术理论为核心的独特知识结构，还要具备广博的科学文化基础知识。

第一，具有系统、全面的教育科学知识和管理科学知识。教育信息化领导者需掌握教育学、心理学、教育史、教育哲学、教学论、课程论等教育科学知识，以及教育行政学、学校管理学、政治学、法学、决策理论、现代领导学、预测规划理论与技术等在内的管理科学知识。此外，教育信息化领导者还需广泛关注教育科学和管理科学的最新发展成果。

第二，具有扎实的计算机多媒体技术和网络信息技术的专业理论知识。在教育信息化建设与发展过程中，领导者必须掌握现代信息技术的基础理论知识，了解计算机多媒体技术和网络信息技术从研发到应用的整个运作过程，并对现代信息技术与教育诸要素相整合的理论和实践构想有一定的研究。

第三，具有广博的科学文化基础知识。教育信息化领导者要做到博学多识，这样才能举一反三，触类旁通，将教育信息化建设与教育科学、管理科学的一般原理相结合，实现教育信息化建设理论与实践上的创新。

（3）组织能力素质。组织能力是领导者个体运用政治、道德、知识、技能、经验在解决实际问题时所表现出来的个性品质特征。教育信息化领导者应具备的组织能力素质主要包括以下三个方面。

第一，具有远见卓识。这是衡量教育信息化领导者是否成熟以及领导水平高低的一个重要标准。从个人来说，远见卓识一般包括两个方面，一是政治见识，二是业务见识。

第二，具有组织协调、统率全局的能力。教育信息化建设是一项异常复杂、极具挑战性的工作，这就要求教育信息化领导者要善于掌握和运用全局性的指导规律，从教育信息化建设与发展的全局出发考虑问题，要能够有效利用各部门的人力、物力和财力，使各部门相互配合、协调运转，充分发挥各自的职责和优势，为实现教育信息化的快速、健康、协调发展而共同努力。

第三，具有当机立断的魄力和良好的指挥才能。现代领导观念认为，领导过程就是一个不断决策的过程。教育信息化建设的复杂性、系统性特征要求领导者必须具备很强的预见能力和综合判断能力，善于根据具体情况进行决策，掌握工作的主动权，做到当机立断。

(4) 观念素质。信息化浪潮的不断冲击和挑战，要求教育信息化领导者必须具有一定的观念素质。

第一，领导者要提高对教育信息化重要作用和深远意义的认识。21世纪是一个科技飞速发展的新时代，以网络为标志的信息产业将成为核心产业，信息化程度的高低已成为当今世界衡量国家综合实力的一个重要标志。在这样的国际环境下，教育信息化领导者要充分认识到教育信息化不仅是促进教育改革和发展的重要手段，也是国家信息化建设的重要组成部分。

第二，领导者要树立终身学习的理念。教育信息化领导者要在原有学历阶段的知识基础上，不断拓宽知识领域。

第三，领导者要树立现代教学思想。各种教学现象、教学行为、教学模式，无不受教育思想、教育观念的影响，而思想、观念又是在一定的理论指导下形成的。建构主义学习理论是认知学习理论的新发展，它在"知识观""学习观""大学生观""教师角色定位""教学环境"等方面对传统教育理论有重大的突破，给人们带来了一场认识和学习的革命，应成为推进教育信息化、实现全面教育教学改革的重要思想基础。

第四，领导者要注重提高自身的信息素养。能够自如地运用信息工具快速地、高效地获取信息，熟练地、批判性地评价信息，精确地、创造性地使用信息。良好的信息素养已成为当今社会人类生存的基本能力，也是实现教育信息化的基础。

2. 教育信息化领导者的群体结构

领导者的个体素质对于领导活动的成效无疑具有十分重要的作用，但在教育信息化建设过程中，真正对领导活动的成效产生决定性作用的因素是领导者的群体素质结构。因此，在重视教育信息化领导者个体素质的同时，也非常有必要对其群体素质结构加以认真分析。

教育信息化领导者的群体结构主要包括思想观念结构、专业知识结构、智能专长结构、气质倾向结构和年龄层次结构。

(1) 思想观念结构。教育信息化建设与发展对领导者思想观念方面的要求是多方面、多层次的，然而在现实生活中，领导者不可能在各个方面都达到很高的层次，而是表现出各有所长、各有所短的状况。实现教育信息化领导集体思想观念结构合理化，可以使每个人的长处成为领导集体的长处，避免和淡化每个个体的不足之处，不让教育信息化领导集体的思想观念素质出现明显的薄弱环节，这有助于领导者个体间的互补共进、共同发展。

（2）专业知识结构。专业知识结构是指在教育信息化领导集体中，不同专业及不同知识水平的成员的配比组合情况。一个人的知识总是有限的，这就要求对教育信息化领导集体进行一定的分工与综合，将不同专业和不同知识水平的人相互搭配起来。简言之，教育信息化领导集体应当是多种专业人才的有机结合。

（3）智能专长结构。根据获取知识、解决问题的方式和途径的不同，领导者可分为三种不同的智能类型：第一，发现型人才，他们善于观察，长于研究，能从寻常或复杂的现象中产生灵感，发现问题；第二，再现型人才，他们善于操作，长于表达，能够将科学的发现成功地再现，把理论变为现实；第三，创造型人才，他们勇于探索，善于创新，能够有所突破，有所前进。上述三种智能类型的划分不是绝对的，很少有人纯粹地表现为某一类型。在组建教育信息化领导集体时，要注意这些不同类型人员的科学组合。

（4）气质倾向结构。心理学上将人的气质分为胆汁质、多血质、抑郁质和黏液质四种类型。在现实生活中，人的气质一般表现为以某种气质类型为主而兼有其他类型的"综合型"。组建教育信息化领导集体时，要注意不同个性领导者的合理组合。此外，在组建教育信息化领导集体时，还要注意使不同领导者的个性倾向协调一致，否则也会因性格不合、志趣不投等削弱领导集体的整体功能。

（5）年龄层次结构。年龄层次结构是指教育信息化领导集体中不同年龄层次成员的配比组合。领导集体保持一个合理的年龄结构，有助于防止出现教育信息化领导集体的同步老化和干部队伍青黄不接的现象。在构建教育信息化领导集体的年龄层次结构时，要充分认识到老同志阅历较广、经验丰富、深谋远虑，中年人思想开阔、分析问题和解决问题的能力较强，青年人反应敏捷、精力充沛，更易于接受和掌握现代信息技术，合理确定领导集体内老、中、青领导者的配比组合，这将有助于促进教育信息化领导集体整体效能的最大化、最优化。

（二）教育信息化领导艺术

根据领导的一般规律以及领导艺术的一般原理，结合教育信息化领导的基本特征，教育信息化领导艺术的基本内容可概括为如下几个方面。

1. 统筹全局的艺术

统筹全局的艺术是教育信息化领导者在处理日常事务时所必备的一项基本的领导艺术，它包含三层意思：一是领导者要善于从全局和整体对教育信息化的建设和发展进行考虑，把握教育信息化的内部和外部关系，抓住要害，带动整体，准确地判定随机事件在教育信息化全局中的地位及其对整体的影响；二是领导者要善于审时度势，对事件做出轻重缓急的分辨，并在此基础上进行充分的分权与授权，将繁杂的教育信息化领导工作安排得井然有序，既把握好中心环节又照顾到一般环节，主次配合得当，从而使工作得心应手，浑然一体；三是领导者要注重组织管理中各个因素之间的有机配合和平衡协调，能够将教育信息化建设与发展中第一位的中心工作与其他第二位、第三位的工作进行恰当安排和有机组合，并把现阶段的中心环节恰如其分地平稳过渡到下一阶段的中心环节，建立紧张而又有条理的工作秩序。

2. 多谋善断的艺术

多谋善断的艺术是教育信息化领导者应具备的领导艺术。教育信息化领导者要掌握充分而可靠的资料，只有掌握了丰富、及时、准确、适用的资料，才有可能做到"多谋"；教育信息化领导者还要掌握并能够熟练运用各种决策方法，制订出多种可供选择、优化的教育信息化发展方案。

3. 知人善任的艺术

能否知人善任，是教育信息化领导者是否成熟的标志，也是领导者用人艺术的精华所在。教育信息化建设人员的群体结构相当复杂，领导者必须树立全新的人才观，历史、全面、辩证地知人用人，能容人之所短，会用人之所长。此外，教育信息化领导者要善于通过听其言、观其行等多种途径去知人。

4. 开会的艺术

科学开会要做到以下几点：第一，不开没有明确议题的会；第二，不开有许多议题的会；第三，不开没有准备的会；第四，不开可开可不开的会；第五，不让无关的人参加；第六，不要作离题的发言；第七，不要作重复性发言；第八，不要议而不决。

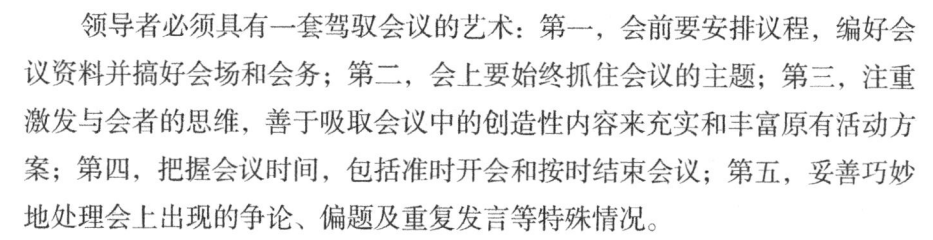

领导者必须具有一套驾驭会议的艺术：第一，会前要安排议程，编好会议资料并搞好会场和会务；第二，会上要始终抓住会议的主题；第三，注重激发与会者的思维，善于吸取会议中的创造性内容来充实和丰富原有活动方案；第四，把握会议时间，包括准时开会和按时结束会议；第五，妥善巧妙地处理会上出现的争论、偏题及重复发言等特殊情况。

5. 信息利用的艺术

首先，要建立教育信息化管理信息系统，形成信息网络，全方位地搜集教育信息化领导所需的信息，保证信息渠道畅通无阻，这是教育信息化领导者取得领导实效的前提。其次，要坚持适用性原则、可靠性原则、创造性原则和简明性原则，对搜集到的信息进行筛选和处理。最后，要准确、及时地"诊断"与"转换"信息以指导教育信息化建设实践。

6. 人文领导的艺术

人文领导要求领导者要能够从内心深处真诚地对别人感兴趣，用心关注他们的需求和问题，并且能够适时给他们以有效的赞美和激励。在实施激励时，要注意以下几点：第一，保持双因素（物质和精神）激励的同步性；第二，保持激励过程的公平性；第三，保持激励的目标性和针对性；第四，保持激励的内在性和及时性。

二、教育信息化的督导

(一) 教育信息化督导的基本职能

教育信息化督导的基本职能包括评价职能、监督职能、指导职能、反馈职能、推广职能。

1. 教育信息化督导的评价职能

教育信息化督导的评价职能主要是指教育督导人员依据一定的标准和指标体系，运用现代教育统计和教育测量的手段，通过定性与定量分析，对督导对象进行价值判断，以衡量其达成目标的程度。

2. 教育信息化督导的监督职能

教育信息化督导的监督职能的发挥，对提高教育行政管理的效率和完成教育信息化的任务具有极大的推动作用。加强督导的监督功能，要经常深入基层单位。要通过督导工作，调查研究，检查督促，及时发现问题，解决问题，总结经验，推动工作。为达到此项目的，督导人员应注意以下两点。

(1) 不要带着框框检查工作。教育信息化督导工作具有很强的政策性，必须根据党的方针政策的要求，按照一定的标准进行，不能事先画框框、定调调。这是因为一切结论都应产生于调查情况的末尾，而不是它的先头。正确的检查监督方法是：第一，不看允诺，而看工作结果；第二，不看计划，而看实际是否做了或是否敷衍；第三，不看形式，而看内容和实际是否正确地执行还是被曲解了；第四，不仅由上而下，还要由下而上地审查；第五，要有系统地、经常性地审查；第六，要有领导者亲自参加。

(2) 不要"钦差大臣"式的作风。由于督导人员是代表上级教育行政部门下去检查工作的，所以基层单位会对其特别尊重，希望多听听督导人员的意见。在这种情况下，如果督导人员缺乏自知之明，就容易乱发议论，指手画脚，弄得基层领导无所适从。督导中应有正确的指导思想，坚持一切从实际出发和实践第一的观点，要靠深入实际去获取信息，进行督导时应当"下马观花"，以期更好地发挥教育督导的监督功能。

3. 教育信息化督导的指导职能

教育信息化督导不仅要监督、评估，还要在评估的基础上对被督导单位进行指导。加强指导，是教育信息化事业发展的需要。从整体上看，由于各个地区的经济条件不同，教育信息化事业的发展也很不平衡，即使在同一个地区内，经济、文化的发展也是不平衡的。在这种情况下，教育信息化管理工作不仅需要加强指导，而且必须从实际出发进行指导。在督导过程中要善于诱导督促，切不可瞎指挥、乱批评，如果这样，势必破坏督导对象的心理平衡，影响指导的效果，甚至还可能导致督导工作无法进行。要想进行有效的指导，就必须改进作风，力求激励教师锐意改革的信心。要发挥督导的指导功能，在反对瞎指挥的同时，还要注意防止唯唯诺诺、胆小怕事的现象。

4. 教育信息化督导的反馈职能

教育信息化管理督导从本质上说，就是实现教育信息化工作有效控制的一种机制。因此，反馈也就成为教育信息化督导的基本职能之一。发挥教育督导的反馈职能，要善于处理反馈信息，即传递信息要迅速，反馈信息要真实。只有信息反馈及时，才能使决策不失时机；只有信息反馈准确，才能提高决策的质量。如果反馈失真，就可能谬以千里，造成损失；如果反馈迟缓，就可能时过境迁，贻误工作。因此，要及时准确地反馈信息是督导机构的重要职责。反馈的具体要求包括以下两点。

第一，实事求是，反映下情。督导人员在督导地方教育和学校工作中，会发现许多新情况、新问题、新经验，这些都是教育方针、政策、法规在实践的碰撞过程中折射出来的教育信息。督导人员在行使教育监督职责的同时，有责任、有义务将基层教育情况信息进行整理，向同级政府、教育行政机关以及上级教育行政和督导机构反映。向上反馈教育信息，一是要注意客观真实性，二要注意广泛综合性。教育信息收集愈广泛，其信息量就愈大。

第二，积极建议，当好参谋。从某种意义上讲，教育督导人员相当于政府部门的耳目，负有调查研究、当好参谋的责任。信息反馈的目的，是要为行政管理决策提供更多、更广泛的实际工作情况，以调整、完善教育发展方向、目标、政策，增强调控能力，使教育工作在原有基础上向更高的层次推进。因此，督导人员在实施信息反馈时，不能光是数据的罗列、事例的堆砌，而是要透过纷乱复杂的教育现象，研究综合教育工作者和组织者在教育改革实践中创造的新经验、探索的新路子，积极提出自己的意见及建议，供领导决策时参考比较，发挥督导在教育决策中的参谋作用。

5. 教育信息化督导的推广职能

教育信息化督导是教育方针、政策在执行过程中的一种监督、控制行为。在进行教育信息化督导监控中，就应注意发现典型、运用和推广典型，以提高信息化督导工作的效益。

（1）推广的内容。督导推广内容应包括两个方面：一是执行过程中的典型经验，二是在执行过程中开拓、创造的新鲜经验。推广这类典型，不仅能引导各地、各校向着改革的新目标前进，而且在推广的实践过程中也能进一步总结提高，成为形成新的教育工作决策的实践依据。

（2）推广的要求。教育督导推广职能的发挥，一是要善于发现先进典型。典型是客观存在的，但典型能否得到重视、推广，则取决于督导人员的认识水平。这就要求督导人员在工作中认真学习研究教育方针、政策，认清工作前进的目标，同时要虚心向实际学习，研究实际情况。在上级制定的方针、政策与实际执行过程的碰撞或者说结合中发现先进典型。二是要注意培养典型。先进典型不仅需要发现，更需要培养。典型的培养，要防止人为主观意志的过多干预，注重从实际情况出发，因势利导，不断丰富、完善，使之更具有先进性、典型性和说服力。三是要重视总结典型。总结典型要尊重客观事实，研究典型形成的主客观原因，寻求规律，不能搞脱离实际的人为拔高。

(二) 教育信息化督导的过程

1. 教育信息化督导的准备阶段

教育信息化督导的准备阶段要做好以下五个方面的工作。

(1) 制订教育信息化督导计划。督导计划的制订要以教育行政主管机关的总体工作计划为依据，主要内容应包括督导目的、督导要求、督导对象、督导日程、督导人员及其分工、督导方法及注意事项等。在制订督导计划时，要考虑这样几个问题：本次督导要了解些什么、深入检查些什么、重点研究些什么、督导者本身要获得些什么，同时还要考虑当前教育工作的基本任务、督导对象的基础、督导人员的水平及督导时间与力量等。

(2) 提前与被督导单位取得联系。督导人员在深入基层进行督导之前，一般要提前与被督导单位取得联系，交代督导目的和重点，并要求被督导单位按提纲准备好汇报材料，整理出有关的统计报表等资料。

(3) 阅读被督导单位的有关书面材料。通过阅读被督导单位的有关书面材料(如工作计划、工作总结、书面报告、报表等)，可以对督导对象有一个初步的了解。此外，督导人员还可与曾督导过这些单位的同志取得联系，从他们那里了解一些被督导单位的情况。

(4) 学习有关教育信息化的方针、政策和法令。督导人员在督导工作中的主要任务就是检察、监督被督导单位是否认真贯彻执行了党和国家的教育信息化方针、政策和法令，执行中有无偏差，并给予积极的指导。因此，督导人员要使督导工作卓有成效，就必须学习并掌握有关的教育信息化方针、政策和法令。

(5) 做好督导人员的思想工作。要明确督导人员是代表上级机关的工作人员，督导是工作也是学习，要端正督导人员的工作态度，做到礼貌交往，平易近人，同志式地待人处事。要明确督导工作应以肯定成绩、发扬优点、总结经验、明确方向为主，对于问题和缺点要分析原因，提出解决的办法。此外，还要宣布必要的纪律，如服从统一领导、按原定计划办事、不经集体研究不轻易发表结论性意见、遵守被督导单位的各项规章制度等。

2. 教育信息化督导的进行阶段

教育信息化督导的进行阶段要做好以下三个方面的工作。

（1）与被督导单位的领导干部见面。与被督导单位的领导干部见面，听取汇报，并与其分析当时的情况，研究教育信息化督导计划的执行与安排，这是教育信息化督导在进行阶段要做的首项工作。在这里，督导人员要做好以下工作：了解被督导单位的基本状况，包括各项工作的进程、各项规章制度的进行情况；初步掌握被督导单位各方面人员对督导人员的基本态度，安排如何具体执行督导计划，消除被督导单位的顾虑，端正他们的态度，使其积极协助督导工作的顺利进行。

（2）召开由各方面代表参加的见面会。召开见面会，说明来意，宣布督导计划，提出要求，动员被督导单位全体人员保持正常的生活、学习、工作秩序。与督导人员真诚合作，共同做好督导工作，这是教育信息化管理督导在进行阶段要做的又一工作。

（3）深入实际，各负其责，全面督导被督导单位教育信息化方面的各项工作。在这里，督导人员按分工不同，各负其责，深入被督导单位的第一线，对其各项工作进行深入的视察、调查和研究，全面掌握情况。在此必须指出的是，督导人员要严格按督导计划行事，不要轻易受到人为干扰的影响。

3. 教育信息化督导的总结阶段

教育信息化督导的总结阶段主要是做好以下两个方面的工作。

（1）督导总结。在全面了解情况的基础上，要有重点地研究问题，以便为做好督导总结奠定基础、准备材料。这里所谓有重点地研究问题，主要是指以下三点：一是被督导单位突出的优点，要研究、总结其经验；二是被督导单位存在的主要问题，要分析其根源，找出解决的办法；三是督导计划中确定的重点研究的问题。研究重点问题时，要邀请被督导单位有关人员参加，一般以召开小型的专题性座谈会为宜。

督导总结要写出督导报告和督导工作总结。督导报告主要是针对被督导单位而言的，其主要内容包括被督导单位的基本情况、工作成绩、主要经验、存在的问题及改进的意见。督导工作总结主要是总结督导人员开展督导工作的情况和经验体会，其目的是总结督导工作的经验，找出不足，以便做好以后的工作。

(2) 举行座谈会。督导人员在督导工作结束时，要举行座谈会。参加座谈会的人员与见面会相同。座谈会上先由督导组报告督导总结，并对一些当时还不能做出结论的问题提出建设性意见，要求被督导单位深入研究。然后由被督导单位负责人发言。最后，向参加座谈会的人员征求对督导工作的意见和建议。

第四章 教育信息化背景下高校大学生事务管理机制的构建

第一节 高校大学生事务管理信息化的内涵

一、高校大学生事务管理概念

(一) 大学生事务界定

大学生事务是指高校为辅导大学生成长、管理大学生日常校园行为等开展的活动，服务大学生生活、促进其全面发展、拓宽大学生思想政治教育工作渠道。通常，在内容上分为辅导性大学生事务、管理性大学生事务和指导与服务性大学生事务三个板块，不包括具体的学术上的教学事务。该定义包含以下三点。

(1) 高校大学生事务是以促进大学生学习与成长为根本任务，以满足创新人才培养需求以及提供高校思想政治教育等课堂之外的具体工作内容为前提的。只有为大学生学习、生活和发展提供全方位服务，具备社会保障条件，才会成为高校所提供的大学生事务。不是所有的大学生需要都会成为大学生事务存在的基础。

(2) 辅导性大学生事务是以思想建设引领大学生的理想信念，是大学生践行社会主义核心价值观的具体事务。管理性大学生事务针对的是全体大学生，依据相关制度规章强化大学生的契约意识，使每位大学生在高校校园里能够在制度章程的框架下自由发展。指导与服务大学生事务是指不断细化大学生事务的分工，以此提高大学生事务工作的专业化水平，对大学生开展个性化的服务工作，应由大学生自由选择具体事务，实际工作中高校对于这些具体事务并没有明确的界限划分。

(3) 高校大学生事务通常发生在课外活动时间，涉及内容是相对教学内容来讲的，活动阵地和外部环境主要在教学课堂之外。

(二) 高校大学生事务管理

储祖旺教授认为，高校大学生事务管理是指在国家政府的宏观引领下，借助思想政治理论的支持，高校积极践行社会主义核心价值观，运用专业化知识和职业化技能，遵循大学生发展规律，为大学生成长、成才发展保驾护航。高校的专门组织和大学生事务管理者的组织活动过程，具体解读有四点内容。

第一，高校大学生事务管理的社会保障条件是国家法律和政策的支持，指导实践的理论来源于思想政治教育原理，核心价值和共同使命是践行社会主义核心价值观，促进大学生发展，这既是日常思想政治教育工作的出发点，也是高校人才培养的归宿。

第二，高校大学生事务管理的活动对象分为主体与客体。主体包括专门组织和大学生事务管理者，客体包括主体施加影响的大学生和与之相关联的具体事务。

第三，从事高校大学生事务管理的基础条件是专业知识和实际技能，要体现职业性和专业性的内在要求。

第四，高校大学生事务管理的组织活动过程主要是指主体按照各自职能，整合全方位的资源所进行的实际活动。

随着近年来我国高等教育的改革发展，"大学生工作"的内容不断细化，逐渐扩展到生活、职业发展、心理健康等方面，涵盖了意识形态、制度管理和生活服务等多个方面，使得"高校大学生事务管理"这一概念与当前我国高校大学生事务管理的状况与发展更加吻合。国家颁布的一系列规章文件的施行，也充分体现出对高校大学生事务管理的重视度、关注度不断提高，主要体现在从被动化的制度管理和监督渐渐地向"以大学生为本"的管理的转变，通过灵活多样的教育教学管理手段挖掘大学生的潜能，尊重大学生在学习、工作和生活方面的主体地位，实现学科教育、管理育人、服务育人和大学生发展的有机结合。学科教育与管理育人之间相互补充、相互促进，不但推进了高校思想政治教育的提升和发展，而且还增进了对"以人为本"大学生观的认识及贯彻落实。

我国有的学者将高校大学生事务管理定义为："高校通过大学生的课外活动和非学术性事务等方式对大学生进行的相对具体教育影响，进而实现对大学生的引导、教育和服务，丰富和拓展高校大学生个体的生活实践，促进大学生不断进步和发展的组织活动。"

上海师范大学的朱炜将其描述为："高校中，管理人员通过一系列管理规章等对大学生施加一定的引导、规范、服务来促进大学生全面发展的非学术性实践活动。"高校对人才的培养主要通过两个途径开展：第一个是通过学术事务（Academic Affairs）来使大学生掌握一定的知识与技能、过程方法和价值观，第二个就是通过大学生事务（Student Affairs）来实现高等教育的育人目标。其中，学术事务对应高校的教育教学科研工作，通常指大学生在校期间的学籍管理、专业学习、课程安排及管理、教学、科研、学业生活、认知发展等；大学生事务对应我国之前的高校大学生工作，即大学生在校期间，除学术事务外，还有先前确定的特定组织机构和专业工作人员从事的有目的、有计划、有组织的管理人、服务人、培养人的所有课外活动的总称，包括大学生的入学教育、住宿及饮食、大学生活动、职业规划与就业服务指导、大学生党团组织建设与管理、心理健康咨询与诊断服务、突发事件应急处理、勤工助学等。

（三）高校大学生事务管理与大学生工作

国内许多人直接把"大学生事务管理"和"大学生工作"之间画上等号，其实确切地讲，两者之间存在一定的差异。

"大学生工作"的说法（高校为大学生健康成长服务的所有直接和间接工作的总和）至今仍然有高校在使用。随着我国改革开放的发展，初期归属于"德育工作"的事务（如大学生心理辅导、奖助贷管理、新生入学和毕业生管理、校园文化建设等），在大众化高等教育进程的推动下，"大学生工作"应运而生，可以说是教育与管理并存，以思想政治教育为主、以校园文化建设为辅的工作体系。"大学生管理"已经减弱"管理大学生"的强制性的约束力，并外延到管理大学生的具体事务。我国高校大学生工作是指由与教学工作、科研工作相平行的专门机构和人员从事的以思想政治教育、成长发展指导、大学生事务管理为主的教育、管理和服务工作，其工作效果是直接体现在客体大学生上的具体工作内容，其表现在教育、管理和服务并重的三个方面。

第一，教育主要是指以大学生思想政治教育为核心内容，其主要工作包括思想道德教育与行为养成、形势政策教育、日常思想政治工作、安全稳定工作等。

第二，管理则是以大学生事务管理工作为基础，主要包括班级建设与管理、奖惩助贷等日常事务管理、宿舍文化建设与管理等。

第三，在教育和管理的基础上，通过创造一定的条件，以大学生发展为主导工作，为大学生成长、成才提供服务，主要包括生涯规划与成长指导、学业指导、就业指导、心理咨询与辅导、素质拓展与社会实践指导、校园文化活动指导以及创新创业活动指导等。可以说，在我国，高校大学生工作是一个类概念，是对大学生在课外进行非学术性的教育、管理、服务等活动的总称，其第一方面的任务是思想政治教育，第二、第三方面的任务就是大学生事务管理的内容。

从目前我国高等教育的发展情况来看，大学生工作由思想政治教育和大学生事务管理两个子集合组成。高校思想政治教育重点关注理想、信念教育等对大学生成长的影响及其传承和发展的规律。这样看来，大学生工作的内涵包括大学生事务管理，两者是从属关系，大学生事务管理属于下位概念。

高校大学生事务管理反映了高校大学生工作从关注大学生思想政治发展到大学生的全面发展。其中，对大学生进行思想政治教育，始终是我国高校大学生工作的核心内容。大学生事务管理内容日益扩大，包含的范围广泛，任何一方面的缺失都将影响思想政治教育工作的最优化和最大化，最终高校会无法完成以大学生为本的人才培养的重要使命。

二、大学生事务管理相关理论

（一）人本管理理论

人本管理，是以人为本管理的简称。人本管理往往把人作为考虑一切问题的根本，因此也可以称为以人为根本的管理。早在20世纪30年代，西方很多企业已经把员工作为企业最重要的资源，根据员工的兴趣、特长、能力、心理状况等情况来科学合理地为其安排最合适的工作。并参考马斯洛早期的需求理论，在工作中兼顾员工的成长和价值，通过使用科学的管理方法，使用完善的企业文化建设和人力资源开发计划，在工作中充分地调动和发挥企业员工工作的积极性、主动性和创造性，进而提高工作效率、增加工作业绩，以求让员工能够在实现企业目标的过程中发挥最大的作用。著名管理学家陈怡安教授把人本管理提炼为三句话："点亮人性的光辉、回归生命的价值、共创繁荣和幸福。"

而人本管理对于高校大学生事务管理而言，主要是要求高校大学生事务管理做到区别于传统"以物为中心"的物本管理，要求高校开展大学生事务管理工作既要依靠原则规定、制度约束、规范管理等硬性手段，更要通过培养、调动和锻炼大学生的情感、意志、思想等方法来加以完善，这就从人本的角度对目前高校大学生事务管理工作提出了新的要求。同样，在高校开展大学生事务管理信息化过程中，更要注重"以人为本"的管理理念，学校各级管理者首先应该树立"以人为本"和"管理育人"的理念，积极创造民主、自由、平等、有效的育人环境，制定和实施正确的管理政策、措施。在开展大学生事务管理信息化过程中要把大学生当作学校管理之本，强调以大学生为中心，特别要重视大学生作为青年人的特征，充分尊重他们的爱好和兴趣，最大限度地满足他们的种种合理需要，以维护大学生的权益和利益，充分调动大学生发展的个性，切实服务大学生。

(二) 目标管理理论

1954 年，美国管理学专家彼得·德鲁克（Peter F.Drucker）在其名著《管理实践》中首次提出了目标管理（Management By Objectives, MBO）的概念。当时，由于科学和经济的蓬勃发展促使企业组织越来越大，企业分工越来越细，专业性越来越强，而整体的一致性和协调配合相较于分工专业性等问题则更容易被忽视。这种情况下，如果管理者不能及时地应对外部环境的变化，继续使用以往忽视人性的管理模式，仍然采用家长式的"压迫式"管理，就会造成管理者与被管理者对立的局面。德鲁克结合管理的实质，提出了"目标管理"理论。该理论在重视理性管理的同时，重视人性的管理，通过设定目标，激发人的动机，引导人的行为，使人的需求与个人的期望和目标挂钩，以实现充分调动人的工作热情，唤起人的积极性和创造性为基本内涵。新的管理方法在总目标确定的基础上，同时再确定分目标，并为努力实现这一分目标而进行进一步的组织管理和控制。用"目标"代替手段实现对下属的管理是其精髓。

21世纪以来，随着社会的发展和高等教育改革的不断深化，高校大学生事务管理工作也面临许多新情况，招生和就业制度改革、教育教学内容及方式改革、大学生个体情况发生变化等带来许多挑战，而网络技术及新媒体的突飞猛进，更给高校大学生事务管理应用信息化手段带来了较大的不确定性。高校在开展大学生事务管理信息化的过程中可以参照企业目标管理的理念，首先要重视人的因素，让大学生和一线大学生事务管理人员参与信息化项目目标的制定。同时要注意建立目标体系，当学校组织者确立总体目标之后，必须对其进行有效分解，把大学生事务管理信息化的目标转变成个人和各个部门的目标，以实现大学生事务管理信息化的高效开展。

(三) 过程型激励理论

在很长一段时间里，管理学的核心问题一直是激励问题。对人类行为的不同假设，从而提出不同激励机制也一直是行为管理学派、科学管理学派以及其他一些管理学派之间的一个基本分歧，"激励"一词在管理学与经济学中的含义也各不相同。相对于以强调人的内在动机为基础的管理学中的激励，经济学中的激励重点强调更多地利用外部手段，例如，激励、惩罚。长期以来，经济学与管理学的激励理论研究并没有充分地结合起来，而一直是泾渭分明。管理学中的"行为科学"在20世纪30年代以后得到了迅速发展。在现代非常有影响力的一些激励理论大多是建立在"行为科学"这一理论基础上的。现代激励理论的发展则经历了从侧重激励内容的研究到对激励过程的探索。过程型激励理论是指着重研究人员从动机产生到采取行动的心理过程。根据激励理论的要求，激励具有促进社会交往和人际关系、激起创造的欲望，健全人格等心理效应。期望理论是过程激励理论的一种。美国心理学家弗鲁姆（Frum）的"期望理论"认为，一种行为倾向的强度取决于个体对于这种行为可能带来的结果的期望强度以及取得这种结果时的行为吸引。期望理论的基本模式是：

$$激励 = 效价 \times 期望值$$

该模式表明，能够以最大化效价满足个人需要的是行为目标，如果实现目标的可能性过小，那么激励效果也就不会十分有效。相反，虽然某种目标实现的可能性很大，但如果对于其个人没有很大的价值，那么人的积极性也不会被明显地激发出来，如果要取得有效的激励，那么应当使效价和期望值都足够大。

大学生事务管理信息化建设的目标，很大程度上是满足大学生及一线大学生事务管理人员的需求，以求实现信息化手段带来的高效和便利。而对于不同大学生事务管理职能部门，在开展信息化建设时也应该注重对它们的激励，毕竟每个部门信息化建设的目标不同，只有对它们进行积极的激励才能激发起它们更多的参与意识，也才能保证信息化建设最大限度地符合各个部门及人员的需求。

三、管理信息化的有关理论

(一) 项目管理理论

在第二次世界大战后期，美国兴起了一种以项目管理为重点的管理技术，最初是从美国制造原子弹的曼哈顿计划等生产大型、高费用、进度要求严格的复杂系统的需要中发展起来的，而如今已经是现代管理学的一个重要分支。中国在职教育网《项目管理（PM）是什么》一文对项目管理的定义为：所谓项目管理（Project Management，PM），就是项目的管理者在有限的资源约束下，运用系统的观点、方法和理论，对项目涉及的全部工作进行有效的管理。即从项目的投资决策开始到项目结束的全过程进行计划、组织、指挥、协调、控制和评价，以实现项目的目标。

随着社会的快速发展，特别是随着以计算机和网络为代表的信息技术的迅速发展，项目管理理论被广泛地应用于经济、文化、政治领域。特别是在信息化项目领域，虽然信息化工程符合项目的所有特征，但由于信息化项目的风险大，要保证项目工程顺利完成，对于项目过程进行管理的方法就变得尤为重要。而且信息化工作涉及实施单位的管理、技术、人员等各个方面，影响因素众多，关系复杂，其设计、开发、实施都更需要进行有效的管理。因此，在信息化项目中使用项目管理的方法能够提高信息化工程项目的成功率。如果在大学生事务管理信息化项目中积极采用项目管理的基本方法并结合信息化特点开发其管理系统，做到对信息化工程项目进行全面的计划、跟踪、控制，就能够有效地保证项目本身和项目的结果达到预期目标。

（二）系统动力理论

第二次世界大战以后，随着工业化的进展，就业、环境污染和资源、城市人口等各种社会问题日渐突出，对这些问题的研究也迫切需要用新的方法。1955年以后，随着计算机及信息技术渐趋成熟和普及，美国麻省理工学院（MIT）福里斯特教授提出研究系统动态行为的一种计算机仿真技术，即系统动力学（System Dynamics，SD）。1968年，福里斯特教授在《系统原理》一书中侧重介绍了系统的基本结构。

随后，系统动力学逐步完善并得到国际上的广泛关注。系统动力学以鲜明的系统观面世之后，一直保持着以系统方法论的基本原则来考察和研究客观世界。经过数十年发展，系统方法论日渐完善。最后，国际系统动力学界就以"系统思考"（System Thinking）来概括系统方法论的基本原则及其系统观念。决策过程理论是系统动力理论的重要组成部分，该理论认为企业生产经营决策过程是一个有序的系统过程，由于受到周围环境的影响，致使决策的质量无法用自由意识来进行随意控制，要有效应对周围环境变化带来的影响，必须将行为准则通过系统的程序模式与规则来推论其可能的反应。考虑到这个特性，系统动力学强调决策制定要研究环境对决策的影响以及决策又如何反过来影响环境。系统动力学认为组织策略的设计是企业未来发展的重要步骤，以此来改善企业内部及与企业关联的外部环境的复杂系统结构，再通过分析目标和子目标的多重性，最终找到最优的决策。高校大学生事务管理信息化工作是一项系统化的工作，从组织结构上来讲涉及学校的多个部门，从人员上来讲同样涉及领导、普通大学生事务管理一线人员、大学生等多个层面的人员，从目标上来讲大学生和教师及整个学校的信息化目标仍存在不同程度的差异，因此使用系统动力理论开展高校大学生事务管理信息化实践符合科学合理的目标。

(三)信息化绩效评价理论

早在1992年,杰洛涅(Delone)和麦克莱恩(Mc Lean)就提出了以DM模型为主体的信息系统成功评价模型。在这个评价模型中,杰洛涅和麦克莱恩认为信息系统的成功是一个具有时间和因果关系的过程。2003年,他们在原来的基础上,又提出了一个更新的信息系统成功评价模型——IS成功模型,这个模型从信息质量、系统使用、个人影响、组织影响、用户满意和系统质量六个指标来衡量信息化的成功与否。

戴维·诺顿(David Norton)和罗伯特·卡普兰(Robert S.Kaplan)提出了从客户、财务、学习与成长、内部业务流程四个指标来综合评价企业绩效,并在企业愿景和战略框架统领下构建系统的平衡计分卡(BSC)绩效评价体系。客户、财务、学习与成长、内部业务流程四类指标通过相互驱动的因果关系共同构成了一个完整的绩效评价体系。这些信息化绩效评价理论的研究有力地充实了企业信息化绩效评价的理论体系。

国内,刘凤琴、唐志容等专家大致在2000年以后形成了对企业信息化评价的研究成果,也相继提出了我国企业信息化评测的指标体系。国家信息化测评中心在2002年10月9日正式推出了我国第一个面向效益的信息化指标体系——《企业信息化基本指标构成方案(试行)》,以全面评估我国境内各企业的信息化发展和应用水平。在公共事务领域,早在20世纪80年代,英国的审计委员会(The Audit Cammittee)认为,经济(Economic)——输入成本的降低程度,效益(Effectiveness)——产出对最终目标所作出的贡献大小,效率(Effciency)——产出和投入之间关系,即所谓的"3E标准",是衡量公共组织绩效的基本方法。但是在高校信息化的投入和需求中,由于公平(Equity)和利益是紧密而不可分割的,公平性的要求同样应该被体现出来。同样,经济、效率、效益、公平,也是逐层递进的。经济关注的是投入成本问题,效率则强调投入与产出之间的关系,效益则更加侧重于产出的贡献,公平则更加侧重于产出的范围和程度。如果对高校信息化绩效的问题进行透彻全面的研究,使用这样层层递进的分析方法才是最为恰当的。对于高校信息化的绩效评价,较为合理的分析方法是采用经济、效率、效益、公平的"4E"标准进行分析。它一般包括四个方面的绩效指标:(1)经济/成本标准。高校信息化绩效的经济指标是指高校信息化工程按法定程序的投入状况。其追求目标是以最低的投入或成本，生产和提供给定数量和质量的信息化产品和服务。(2)效率/生产力标准。高校信息化绩效的效率指标是指高校信息化工程投入与产出之间的比例关系。其追求的目标是以一定代价获取最大的收益。(3)效果/质量标准。高校信息化绩效的效果指标关注信息化工程的实施后，校方、教师、大学生是否满意，教学质量是否有了改善，工程是否达到预期目的，它关心的是目标和结果。(4)公平。高校信息化绩效的公平指标与法律和社会理性是密切联系的，其侧重的是信息化工程效果和努力在社会群体中的不同分配。公平作为衡量指标时，关心的是"接受信息化服务的部门和个人能否受到公平的待遇，需要特别照顾的弱势群体是否能够享受更多的服务"。基于以上论述，高校进行信息化绩效评估时应以企业为榜样，吸取有益的实践经验和理论，积极探索和建立合理信息化绩效评估模型。

四、高校大学生事务管理信息化

高校大学生事务管理信息化的含义就是在原有大学生事务管理模式的基础上，以交互式的大学生工作信息网络为支撑，通过全面开放的信息化应用服务体系，对大学生事务管理工作的传统体系在应用模式和管理模式层面进行改造，以求形成更便捷、更高效的大学生工作管理模式和实现对高校大学生有效的教育及引导。

(一)高校大学生事务管理信息化内容

大学生事务管理信息化就是高校通过建立和使用功能完善的大学生事务管理网络平台，实现数字化和流程网络化大学生信息化管理模式。大学生事务管理信息化的根本是要以信息技术对传统的大学生事务管理工作流程进行优化改造，在运用基于信息化管理平台的大学生管理工作运行机制基础上，使用数字化形式将大学生事务管理工作的信息加以整理、归纳、运用及共享。

高校大学生事务管理信息化主要由大学生事务管理的各个信息化系统平台、信息化硬件、信息化制度和相关熟悉信息化操作的工作人员共同组成。高校大学生事务管理信息化的核心是大学生信息管理系统。在大学生事务管理的整个信息处理过程中，大学生档案信息处于中心位置。

（二）信息化高校大学生事务管理的构成要素

作为管理领域的信息化，高校大学生事务信息化管理同样包括信息网络、信息资源、信息技术应用、信息化人才、信息化产业和信息化政策法规六大要素。这六个要素是一个有机整体，构成了整个高校大学生事务管理信息化的完整体系。其中，信息网络是基础，信息资源是核心，信息资源与信息技术的应用是目的，信息化人才、信息化产业、信息化政策法规是高校实施大学生信息化管理的保障。

1. 信息网络

信息网络是高校大学生事务管理信息化建设的重要内容，也是实现大学生事务管理信息化的物质基础和先决条件。目前，我国很多高校都提出"数字化校园"的建设构想，并付诸行动，校园网络建设得到快速发展，高校都拥有自己的校园网络并与中国教育管理网无缝连接，学校的各级管理部门大多都实现了网上办公并积极建设自己的管理网站。同时，高校为大学生上网提供了各种各样的便利条件，加大了大学生计算机中心、网络实验室的建设力度，加强了大学生宿舍局域网的建设。这些基础设施的建设为高校大学生事务管理信息化奠定了坚实的基础。

2. 信息资源

大学生事务管理信息资源是应用于高校大学生事务管理和管理过程中的各种信息资源，它的有效开发和利用是高校大学生信息化管理的核心，也是关系到高校大学生信息化管理成功的关键所在。

大学生事务管理信息资源，可分为以高校大学生事务管理信息为核心的大学生事务管理软件资源、以大学生事务管理信息系统中的基础数据为核心的大学生信息资源。其中，大学生事务管理软件资源，主要包括以多媒体素材为基础的多媒体信息资源、各种工具资源及 Internet 资源；大学生信息资源指为实现现代大学生事务管理而建立的以被管理者、管理内容、管理资源及其支持服务体系为主要内容的各类数据库资源等。

3. 信息技术应用

信息技术在高校大学生事务管理中的应用是高校大学生信息化管理建设

的根本出发点和主要目的。有了信息网络和信息资源这些基础条件之后，信息技术的应用成为高校大学生信息化管理建设的主角，可以说，大学生信息化管理的效益主要体现在信息技术的应用这一环节。在信息技术应用方面应主要做好四件事：一是做好与思想理论、方法密切相关的建设，它决定信息技术在大学生事务管理方面应用的方向，直接关系到信息技术管理应用的质量和效果；二是建立与当地大学生事务管理信息化环境、教育管理对象及教育管理内容相适应的信息化大学生事务管理模式；三是必须提高管理者及受管理者应用信息技术的兴趣和基本技能；四是在不同层次上开展信息技术与高校大学生事务管理整合的理念研究和实践，并将其作为学校信息技术管理应用的主要任务。

4. 信息化人才

实行高校大学生信息化管理，人才要先行。为了实现高校大学生信息化管理，需要培养大量掌握信息技术基本知识，具有先进的大学生事务管理理念以及具备信息技术应用能力的大学生信息化管理人才。

高等教育行业某一领域的信息化管理人才有两种含义：一是通识型大学生信息化管理人才，这是对在高校中从事各种大学生教育、管理、服务的各类人员而言的，是对该领域全体工作人员信息技术知识、能力和素质的共同要求；二是专业型高等教育大学生信息化管理人才，主要是指专门从事大学生信息化管理物态化技术和智能形态技术的研究与开发，以及高校大学生信息化管理应用和维护的专业人才。

一般来说，对通识型高校大学生信息化管理人才的要求是应具备基本的获取、分析和加工信息的能力，对专业人才的要求更高，分工更细，可以是高级软件人才、网络工程师等。

5. 信息化产业

信息技术是指对信息的采集、加工、储存、交流、应用的手段和方法的体系。它的内涵包括两个方面：手段和方法。手段即各种信息媒体，如印刷媒体、电子媒体、计算机网络等，是一种物化形态的技术。方法即运用各种信息媒体对各种信息进行采集、加工、储存、交流、应用的方法，是一种智能形态的技术。信息技术就是由信息媒体和应用方法两个要素所组成的。信息技术的核心是信息的数字化、信息传播的网络化，信息技术是高校大学生信息化管理的技术支持，是大学生信息化管理的驱动力。在高校大学生信息化管理过程中开展信息技术研究，不仅可以丰富高校大学生事务管理信息化的研究内容，更重要的是可以将新的、更加有效的物态技术和智能形态的技术应用于信息化大学生事务管理中，以提高大学生信息化管理的效果和水平。

信息技术产业主要指信息技术设备制造业和信息技术服务业。由于信息技术设备制造业的发展需要强大的技术和资金优势做后盾，因此，在我国高校大学生信息管理进程中，信息技术产业的发展应由不同的社会部门分工协作来完成。大学生事务管理信息技术产品的制造业应动员大学生事务管理部门、科研院所和相关企业等互补性较强的部门共同参与，以便将学校从大学生事务管理信息技术产品的开发中解脱出来，集中精力和优势资源做好以大学生事务管理信息资源的开发、利用为主的信息技术服务。

6.信息化政策法规

高校大学生信息化管理是一项系统工程，为确保高校大学生事务管理信息化工作的顺利进行，高校及相关部门必须对大学生事务管理信息资源开发、大学生事务管理信息网络建设、大学生事务管理信息技术应用、大学生事务管理信息产业等各个方面制定一系列政策法规，以规范和协调各要素之间的关系，这既是高校大学生信息化管理发展的重要条件和有力保障，也是开展高校大学生事务管理信息化工作的依据和蓝图。只有这样，才能使高校大学生事务管理规范化、秩序化，推动高校大学生信息管理健康顺利地向前发展。

（三）高校大学生事务管理信息化的性质和特征

高校信息化的实质，就是利用先进的计算机技术、网络技术，实现高校校园网络化、管理科学化和信息资源数字化。其中，校园网络化是信息化的基础，管理科学化是信息化的保证，信息资源数字化是信息化的核心。

高校信息化是一个动态的发展过程，是一个对传统教育观念、教育模式、管理体制、组织结构及业务流程等不断改革和优化的过程，有利于提升教学、科研、管理、服务等活动的效率和质量。同时，其本身也在这个动态发展的过程中得到不断的健全和完善，并被注入新的内涵。

从静态的组织结构形态来看，高校信息化具有系统属性，有其自身的体系结构。从其表现形式来看，是一个观念信息化、组织信息化、管理信息化、事务信息化、工具信息化等有机结合的整体。从其体系结构来看，是由网络平台体系、信息资源与数据库体系、信息化应用与服务体系、信息化规范与标准体系、组织管理体系、技术与安全保障体系等构成的完整体系。

(四) 信息化技术在高校大学生事务管理中的应用方式

针对大学生事务管理的难点，高校应该把控大方向，充分利用信息化技术，及时了解大学生的思想发展趋向，调整管理方式。

1. 构建完整的信息化大学生事务管理系统

信息时代，智能技术迅猛发展，人们生活方式发生了较大改变，无论进行何种活动，采用自助方式都能够最大限度地节省时间。高校大学生事务管理应该与时俱进，构建起完整的信息化管理系统，使大学生在感受"自由"气息的同时，培养自我约束的能力。

2. 充分利用智能设备了解大学生的真实思想

高校大学生思想各异，是大学生事务管理中的难点。大学生进入大学之后，迅速由"他律"转向"自律"，大学生很容易自我迷失。骤然来到一个陌生的环境，风俗习惯、语言文化都可能受到强大的冲击。在无法倾诉的情况下，大学生容易产生心理问题，只靠教师、同学当面关心无法解决问题。因此，管理者必须充分利用智能设备，通过互联网的隐藏性与大学生进行充分沟通，及时了解大学生的真实想法，积极引导，使大学生尽快调整心态，全身心投入学习之中。在具体管理中，高校应该做到：第一，充分利用智能设备与大学生进行沟通，没有教师与大学生、没有管理者与被管理者，更没有上下级关系，人人平等，沟通双方处于同等地位，可以无话不谈。第二，保证沟通内容的隐私性。大学生的内心既脆弱又坚硬、既单纯又决绝，一旦大学生认为自己受到了最信任的人的欺骗，大学生内心会骤然冰冷，会对大学生事务管理造成严重障碍。第三，隔着网络这层窗户纸，大学生会放下很多思想包袱，倾心与管理教师分享自己的心路历程，教师需要用心聆听大学生完整的陈述。一些年龄偏大的人往往认为"我吃过的盐比你走过的路都多"，自以为了解一切，在他人话说一半时会粗暴打断，从而使有的大学生再也不想、不愿甚至厌恶与他人交流，造成自闭、抑郁等当前严重的社会问题。聆听过程是管理教师收集大学生事务管理信息的最佳方式，明确大学生的问题出现在哪里，对症下药，能够在管理上取得事半功倍的效果。

3.结合信息化技术改善思想教育工作方式

高校大学生思想教育工作不仅需要在课堂上进行，在大学生事务管理中同样可以"渗透"。网络时代，大学生获取信息的渠道多种多样，接触事物涉及领域广泛，这加深了大学生的爱国主义等情怀。高校应该注意收集极具鼓舞性的视频，通过校园网、微信公众号、微博等信息交流平台分享，这既可以增加大学生关注度，又可以让大学生看到学校管理者并不是高高在上、只会空谈，接地气的做法最容易获得大学生的好感。针对国家政策导向等相对严肃的话题，为了便于大学生理解，管理者也可以制作一些趣味性视频和新闻稿，使用网络用语，将严肃的气氛冲淡一些，使大学生乐于观看，在轻松的氛围中了解国家大事，提升思想教育工作成效。

4.建立有效的信息化反馈渠道

当代大学生想法丰富，敢想敢做，敢梦敢当，对于高校日常事务拥有自己的见解和疑问。过去很多大学生的建议，管理者并不重视，看完之后在学年大会上提及一句了事，导致很多有为青年的合理构想被埋没。因此，高校应该建立有效的信息化反馈渠道，实时接收来自大学生的建议并及时回复。很多高校正在兴建新校区，占地规模、配套设施等相较老校区都有根本性改变，比如智能化图书馆、游泳馆、健身馆等，但很多工程需要经年累月的建设才能完成，有些大学生无法等到建成的一天。基于此类情况，管理者可以通过信息化渠道向大学生宣布，无论何时，大学生的母校都不会变，尽管现在无法享受到新设施、新服务，但在不久的将来，大学生可以随时返回校园重温大学生时代。大学生毕业之后虽然各奔东西，但会永远记得学校的好，尤其是在重视大学生意见、利用信息化渠道与大学生沟通这一点上，毕业生会对学弟、学妹进行正向引导，从而使高校大学生事务管理工作长时间维持高效率。

总体来说，我国高校教育水平正在朝着良好趋势发展。高校大学生事务管理需要从大学生思想方向和实际情况出发，积极了解大学生的真实想法并加以正确引导，让每位高校学子都能树立正确的世界观、人生观、价值观，努力成为国家的栋梁之材。

第二节　信息化发展对高校大学生事务管理的影响

一、我国高校大学生事务管理的现状

目前，我国各大高校在校园信息化基础设施的配置和信息化管理平台建设方面已经相对完善，对各项大学生事务基本实现了信息化管理。

(一) 高校大学生事务管理信息化的基础设施建设不断完善

20世纪90年代以来，我国的教育信息化建设呈现快速发展的趋势，高校大学生事务管理作为信息化建设的一部分也在迅速发展。校园信息化基础设施建设、计算机系统建设以及在高素质的信息化人才培养方面都取得了显著的成效。目前在全国范围内已经逐步建立起中国教育科研网、地区性教育网等。各大高校也逐步普及了校园网，它们大都和互联网直接相连，校园里各种多媒体教室、数字图书馆、自助校园导航终端等大量出现。当前，教育信息化进入了一个新的更加便捷的发展阶段，大学的这些基础设施广泛应用了先进的通信和计算机技术，很多大学在新生入学、学期注册、咨询服务等方面都实现了信息化。

(二) 高校大学生事务管理信息化系统和平台建设日趋完善

教育信息化的一个重要方面就是构建一个适用于教育领域的庞大信息资源系统。信息化平台不但是一个事务管理系统，更是一个集决策支持、行政事务管理等于一体的综合管理服务平台。它是以高校信息资源管理和应用为核心，建设基于高校管理与服务，适应学校发展与创新需要，构建一体化、多层次的高校管理信息系统应用体系。在具体实践中，数字化校园网络平台由以下几个层次结构组成：计算机硬件基础设施建设是高校信息化平台建设的基础，其包括各种计算机设备、交换机和校园网专用服务器等，这是高校校园网建设的根基。数字化校园的核心是数据库，由大学生信息库、教师信息数据库、档案信息库、教学资源信息库和管理信息库构成，为信息化

平台建设提供数据支持。各个数据库相互独立但是存在着很强的关联性，学校可以通过不同数据库之间的内在联系把各个数据库连接起来，以方便师生进行查询。基本信息服务是指数字化校园在以信息共享的软件基础上，能够提供给我们的各项基础应用，包括校园一卡通管理系统等。利用数据挖掘技术对数据仓库进行应用挖掘，生成的各个应用系统直接管理各种信息资源，校园网用户可以直接使用。高校是教育信息网络资源技术的中心，同时，高校拥有信息化的最重要的资源——通信、网络、计算机的专门人才，拥有强大的技术优势。各大院校相继建立了校园网，校园网涵盖了学校概况、师资力量、后勤服务、就业服务以及论坛等各个方面，为大学生的学习和生活提供了一站式服务。信息化系统和平台建设逐步完善，从数字信息化建设开始到现在各高校信息化平台的建设更加完善。

二、信息化为高校大学生管理工作提供了新的机遇

（一）信息化实现了高校大学生管理工作科学数字化

社会信息化，是以互联网技术为代表的信息技术发展的一个必然结果。社会已经步入信息化时代，社会信息化对于高校大学生思想政治教育工作的影响是深远的。信息化让大学生管理工作转向数字化。以前，高校在统计大学生基本信息时往往采用一个大学生一张信息登记表的形式，便于辅导员或其他教师了解大学生的基本情况。而现在，在对部分高校的教师进行调研时发现，大学生的信息统计基本上采取了数字化的存储方式，当需要查找大学生信息时可以方便地进行数字信息查找。同样，在高校数字化校园建设中，每个新建设的系统都要与中心数据交换平台相兼容，要符合数字化校园的标准，因此往往新系统的业务数据都会被提交到中心数据库中。这样就更加方便实现学校数据管理的标准化、集成化、权威化，并确保数据的完整性、有序性、一致性和共享性，为业务系统和最终用户提供了便捷、高效、安全的数据存储，让访问服务实现对数据的有序组织和集中管理，同时推动和促进了职能部门的业务规范化和大学生管理工作的科学化。实行高校大学生管理信息化，可以使大学生管理工作的内容与管理流程更加科学化、制度化、规范化，它可以避免繁重的人力劳动，将原来大量的重复工作简化，避免人为

的不合理因素，节约了人力，减少了工作量，并且避免了工作中的一些失误和错误，提高了工作效能，拓展了大学生管理人员的工作空间。

(二) 信息化加强了高校师生间的沟通与反馈

高校大学生作为具有较高文化层次的特殊群体，在网络时代无疑也是受影响较大的重要群体。如此庞大的参与群体给高校大学生管理工作的开展提供了便利，也为进一步加强与大学生沟通与反馈提供了便利。

信息技术的发展和普及使得低沟通成本的信息化手段迅速深入高校大学生管理的各项工作当中，高效便捷的信息技术在被大学生所追捧使用的同时也在较大程度上提升了高校大学生管理者与大学生的沟通效率。另外，微博、微信等网络新媒体所具有的互动性、移动化、个性化、主动性等传统媒体所无法比拟的优势，让它成为一种全新的传播技术，也越来越受人们所喜爱。在对高校大学生管理工作人员的访谈中，发现高校大学生特别钟爱微博、微信这些新媒体，如果能够利用新媒体来突破大学生思想政治教育工作局限，使人与人之间交流与沟通得以增强，那么针对大学生的思想政治教育的实效性就会大大增强。同时，由于网络等新媒体具有信息量大、共享便捷、传递快速的优势，在高校开展大学生管理工作中如果可以利用新媒体及时传播时事资料、先进思想、先进案例等信息，大学生管理工作者就可以将这些信息制作成自己喜欢的资料，使思想政治教育工作内容更加丰富化、灵活化，这既能使大学生开阔视野、提升境界，又能使思想政治教育工作多样化，为大学生管理工作的创新提供良好的条件。

(三) 信息化让高校的大学生管理工作更加高效便捷

大学生管理工作信息化是高校工作的现代化和高效化的助推器。作为高校发展目标的大学生工作信息化管理既是信息社会的一种表现，也是社会信息化的一个具体目标，管理信息化和人本主义教育协调发展有机结合的大学生信息化管理，有力推动了高校大学生管理工作的现代化和高效化。

三、信息化对我国高校大学生事务管理的积极影响

信息化在高校的迅速普及既方便了大学生的学习生活，也提高了学校

管理部门的工作效率。学校在实现校园管理的同时，更加注重便捷的服务。

（一）信息化促进数字化校园的建设

所谓数字化，是指应用现代信息技术，将文本、声音、图像、动画等物理信息以一定数字格式录入、存储及传播，简单地说，就是信息处理的计算机化。数字化校园就是要在校园内建设一个以校园网为媒介，以信息化管理为重点，以信息化服务为支撑的便捷的校园管理系统。同时校园主干网络的建设覆盖整个学校的建设，连接包括图书馆、食堂等自助终端设备，实现校园网和区域主干网的对接，实现教师教学、大学生事务管理、教师教育研究的信息一体化，随时随地为校园里的教师和大学生提供便捷的信息服务。建设数字化校园就是建设一个理论和实践相结合、信息技术过硬、应用广泛的信息系统，以实现信息服务数字化、智能化、信息管理自动化。实现大学生事务信息化管理就是要借助于智能化的电脑系统，将学校行政管理、大学生事务服务等不同的系统对接，使各个部门之间的数据库实现共享，可以有效地缓解各个部门、各个院系"各自为政"的状况。这些信息通过网络转化为数字形式，比起传统的上传下达的工作模式，更为加快了信息的传播速度和辐射范围，提高了工作效率，促进了数字化校园的建设。以华中师范大学为例，校园内师生分别持有不同类型的校园一卡通，师生可以凭借这张卡片享受图书馆的各项服务，也可以在食堂、学校各大超市自主消费，同时还可以在学校各个教学楼、食堂的圈存机进行银行圈存、补助领取、消费明细查阅等，真正实现了"一卡走遍校园"的愿望。除此之外，学校还建立了博雅论坛，大学生可以在上面查阅到休闲娱乐、兼职就业等各种不同板块的消息，同时还可以实名注册，在网坛上各抒己见，畅所欲言。

（二）信息化创新高校人才培养模式

所谓人才培养模式，是指高等学校根据国家人才培养目标和质量标准，为大学生设计的知识、能力和素质结构以及怎样实现这种结构的方式。传统的高校人才培养模式强调模式化、专业化和统一化，普遍使用的还是家庭、学校、社会三位一体的育人模式。在这个模式中，家庭、学校、社会各自发挥自己的育人功能，力求每个环节都能做到最好，但是这三个方面缺乏信息的沟通和共享，不能及时了解每个大学生的不同需求，不能因材施教、量体裁衣，难以真正实现大学生的全面发展。而在当前全国信息化的大趋势下，信息社会中人类智能化的创造力得到普遍运用，这对人才的思考问题方式、经济活动方式、社会实践产生了巨大的作用。高校培养人才必须与时俱进，符合社会不断变化的发展和需要，必须不断提升大学生的能力素养和职业素养。大学生熟练地掌握和应用计算机，可以根据相关专业知识对信息进行进一步分析，果断进行思维判断，科学实践，从容适应现代化的信息社会。大学培养的人才不是温室里的花朵，是能够投身于信息化的大潮中，能够在激烈的市场竞争中脱颖而出的高层次人才。现在高校信息化发展是处于依托校园网络，继续加强和完善的阶段。传统的机械式人才培养模式早已跟不上时代的潮流，必将被信息社会所淘汰，我们应当抓住高校信息化建设的时机促进人才培养模式的转变。同时，我们应该以人才培养模式的转变进一步带动高校信息化的发展，真正做到人才培养和信息化建设两者相得益彰，协同发展。

(三) 信息化促进高校工作载体创新

所谓思想政治教育载体，是指承载、传导思想政治教育因素，能为思想政治教育主体所运用，且主、客体可借此相互作用的一种思想政治教育活动形式，比如班会、讨论、电视、广播、各种社会活动等。教育者正是借助这些活动媒介对教育对象进行思想教育并与其进行双边互动活动，从而达到一定的教育目的。

传统的高校工作载体主要是交谈、书信、电话、报纸、广播、电视等。但是这些载体已经不能适应信息化时代的要求，在信息化时代，互联网已经成为主要的载体，思想政治教育载体应与时俱进，与信息化协调一致已成为一种趋势。网络的虚拟性使大学生在网上建立虚拟共同体、虚拟社区等。QQ、微信、短信、微博、网络心理咨询等已成为一种大众交流的方式。将短信、微博等新形式纳入思想政治教育载体的范畴，是当前信息技术迅速发展的要求，也符合思想政治教育载体与时俱进、多元化、宽领域的要求。这些新载体的出现是对传统思想政治教育载体的补充和发展。手机的使用在我国相当普及，已经成为生活必需品，有的人甚至不止拥有一部手机，人们可以通过手机随时随地发信息、打电话，因此短信成为一种新的载体形式，突破了传统载体时间、地点的限制。学校可以提供不同的思想政治教育板块，大学生可以采用短信免费定制这些内容，随时随地接受思想政治教育的熏陶。而微博也是随着信息化产生的新兴事物，它借助互联网和手机两个平台，作为思想政治教育新载体，更具有针对性和实效性，其最大的优势不仅在于用户多，还在于它的闪电式传播，一条有吸引力的信息能在短时间内遍及全球。高校可以建立自己的微博，不仅要有相关最新通知政策，还要有大学生感兴趣的时事政治、娱乐新闻等内容。学校的官方微博除要形式新颖外，还要善于开发出大学生感兴趣内容背后的教育价值，一举两得。高校网络心理咨询主要是指一些心理方面的专家或心理学院的教师开设的网上工作室，有意咨询者可以通过电子邮件向其咨询关于心理学的专业知识，获得心理问题方面的帮助、学会调适、寻求发展。电子邮件比传统的信件省时省力，而且大部分是通过匿名的方式，使大学生没有后顾之忧，更有利于及时发现和解决思想政治教育和大学生事务管理中存在的问题。可以说，信息化极大地促进了高校工作载体的创新。

四、现行高校大学生管理工作制度与管理手段在信息化背景下的适应性分析

高校大学生管理信息技术应用制度仍需完善，虽然目前大学生管理信息化还处于实践摸索阶段，发展历程较短，部分人员还不能很好地对其加以利用，但任何一项工作如果没有制度的保障其发展都不可能是一片坦途。信息技术的应用本应是提高工作效率，但由于制度的缺陷造成管理人员在信息技术应用方面参差不齐，管理人员的工作流程和程序各不相同的现象很容易造成大学生管理工作的混乱，也不利于大学生管理的正常发展。

在高校开展大学生管理信息化的过程中很容易出现多头管理等问题，再加上各个职能部门的目标互不相让，职能部门在信息化建设中"自立门户、各自为政"的现象也十分常见。这些问题使教育信息化的基础设施不能发挥应有的积极作用，造成了设备重复购买，信息资源重复建设和利用率低，信息化标准和交换标准建设进展缓慢，资源的整合与共享难度大等诸多问题。

大学生管理信息化缺乏部门间的联动性，缺少有力的牵头部门。众所周知，高校大学生管理信息化应是全校范围的系统化信息建设项目，并非只局限于大学生处或教务处等单一的职能部门，它的存在也并不只是简单的信息录入与存储，更重要的应该是实现信息资源优化和共享。

五、高校大学生管理工作信息化中的软件与硬件配置需求分析

由于高校大学生工作信息化建设涉及面比较宽，其不但包括办公计算机、网络服务器、多媒体、电教设备等硬件设备，也包括大学生信息管理系统等系列专用软件，等等，这些都需要大量的资金。而一些学校的领导对大学生管理工作信息化的必要性认识不足、重视不够，积极性不高，缺乏对高校大学生管理信息化建设的必要投入。高校大学生管理工作信息化软硬件投入不足，首先表现在领导对大学生管理信息化意识不强。由于高校个别领导缺乏战略性思维，没有意识到信息化在当前高校大学生管理中发挥的重要作用，对信息化建设存在着可有可无的认识。即使有开展信息化的想法，但是由于主观上缺乏对信息化的全面认识，最后也因为技术、资金等问题不能开展。

高校大学生管理工作信息化是一项巨大的、高投入的系统工程，不仅需要一些必要的硬件设备，还需要诸如防火墙、入侵检测系统等一定的软件支持才能发挥作用，这一切必须有足够的资金做保障。同样，网络建成后的维护与管理、软件的开发与研制、设备的更新与升级，也都需要大量的经费作为后盾。经费投入是高校大学生管理信息化建设的前提条件。经费投入的多少从某种程度上决定了大学生管理信息化建设水平的高低。而部分高校没有建立完善的资金投入机制，缺乏信息化建设和系统运行所需经费，最后只能是"巧妇难为无米之炊"。

第三节 教育信息化背景下高校大学生事务管理机制构建路径

信息化背景下高校大学生事务管理工作是一项复杂而系统的工程，其最终目的是实现高校大学生事务管理信息化，让信息化成为管理创新的重

要手段。高校要调动一切有利于信息化建设的积极因素，努力建设信息化校园，让高校大学生共享信息化成果。为此，高校就必须积极探索高校大学生事务管理创新的基本思路，即在高校大学生事务管理信息化目标的指引下，培育适应信息化的管理新理念，完善传统的高校大学生事务管理机制，加强信息化队伍的培训，丰富高校大学生事务管理的内容、方式和手段。与此同时，还要积极探索创新的具体途径，实现高校大学生事务管理信息化的创新发展。

一、明确信息化背景下高校大学生事务管理创新的目标和任务

信息技术对教育发展具有革命性影响，必须予以高度重视，要充分利用优质资源和先进技术，创新运行机制和管理模式，整合现有资源，构建先进、高效、实用的数字化教育基础设施。宽带网络要基本覆盖校园，初步优化信息化学习环境，完善教育信息化体系，提升信息化服务质量，提高教育信息化管理水平，使教育信息化成为教育改革和发展的先锋。

校园信息化是教育信息化的核心。校园信息化的实现要以先进的计算机硬件设施为基础，以信息高度共享作为媒介，最终使每位大学生都能对信息处理得心应手。而高校大学生事务管理信息化是信息化校园建设的重要组成部分。实现大学生事务管理信息化，就是要利用先进的信息技术高度整合管理信息，优化高校大学生事务管理程序，完善高校大学生事务管理机制，打造科学合理的大学生事务管理信息化平台，为师生提供高效率、高质量的管理与服务。高校大学生事务管理信息化建设包含以下几个方面的内容：信息化基础设施的建设、数字化校园建设、信息化管理程序的优化建设。高校大学生事务管理信息化建设必须依靠先进的信息技术，也就是要凭借相关的硬件设施和计算机软件的辅助。事务管理数字化建设就是指将高校大学生的信息网络化，将高校可能会用到的大学生学籍信息、课程资源等和已经完备的管理信息库以相对固定的标准输入大学生事务管理系统中，以便管理人员和大学生查阅和调用。高校大学生事务管理信息化并不是仅仅把传统的管理事务完全照搬到网络上，而是有目的地对管理机构进行调整和重组，同时还要对一部分烦琐的、过时的信息管理程序进行改造更新，以改变传统的信息化管理理念。高校管理信息化建设只有做到这些，才可以大大提升管理效

率，才能为高校师生、为社会提供更加优质的管理服务。高校可以将已经优化更新的管理程序保存下来，用于进一步升级，以节约后续的开发资源，同时也可以使大学生事务管理更加规范化、系统化、科学化，大学生事务管理人员运用科学的方式对管理数据进行整合、加工、处理，保留有用的信息，剔除无关的信息，不仅能优化程序，同时可以为管理层提供有益的管理经验。

二、培育适应信息化的高校大学生事务管理新理念

高校大学生事务管理创新的前提是理念创新，但是，管理理念的创新不仅要有形式创新，更要有内容的创新。所谓理念创新，是一种高度凝缩的集体的智慧，它以提高自主创新能力为核心，不仅注重人们外在的显性理念，更注重潜移默化的隐性理念。管理理念创新的目标就是要使大学生事务管理者能够在信息化的大潮中及时更新个人观念，融合集体的智慧，创造出优化大学生事务管理、提高事务管理效率的新观念。

（一）高校大学生事务信息化管理的新理念

第一，柔性管理理念。柔性管理理念是时代发展的产物，只有在知识的社会地位提高的时候，人们才会更加关注人的主体发展。美国管理学家麦格雷戈（Mc Gregor）于1957年提出了X-Y理论。这个理论指出，人们趋向任务目标的目的性，拥有的内在发展潜力都是人本身所固有的，不是完全在后天形成的。管理的作用就在于为人们提供一个扫除发展阻力、开发内在潜力、促进成长的平台。权变理论是在20世纪后半叶由美国管理学家弗里蒙特·卡斯特（Fremont Kast）与詹姆斯·罗森茨韦克（James Rosenzweig）提出的。这个理论认为在管理过程中，管理者要机智地应对各种可能发生的情况，因时制宜，因地制宜，具体问题具体分析。而柔性管理理念就是在X-Y理论与权变理论的前提下发展起来的一种科学优化管理理念。

高校柔性管理主要涉及大学生管理方式、大学生管理机构和治校理念的提升。高校大学生柔性管理理念是指以大学生身体和心理发展规律为基础，依靠民主的方法说服大学生，使大学生自觉自愿地把学校的目标内化为大学生集体的自觉行动的心理意识。高校大学生柔性管理理念主要体现在具

体的微观方面。即对大学生的管理理念上不仅要摆脱长辈似的权力式教育，尊重大学生的个性需求，而且还要鼓励大学生民主式参与，强化管理者的服务意识，这就需要加强大学生事务管理人员的专业素质。柔性管理理念不同于传统高校大学生事务管理理念，高校大学生柔性管理理念的最大的特点就是管理理念的落实而不是强制地灌输给大学生，是让大学生在日常生活中潜移默化地体验到被尊重，然后依靠大学生群体的内在心理活动，让大学生积极地发挥主观能动性，逐渐从自觉意识到主动实践。同样，高校大学生柔性管理理念来源于大学生事务管理的实践，又对大学生事务管理实践起到指导作用，还对大学生无意间起到心理动员和激励作用。马斯洛（Maslow）理论曾指出人只有在低级需要得到满足的时候才会有高级需要——自我实现的需要。柔性管理理念就是通过对大学生需求的满足而不是单纯通过纪律来实现管理。在高校大学生事务管理中，必须抓住柔性理念的比较优势，在对传统理念批判吸收的基础上，使两者形成互补，只有这样，才能真正促进高校大学生事务管理水平的提高。

第二，服务推荐理念。推荐系统是指一种在特定数据库中搜索指定的数据，使用相关信息分析技术对数据进行处理，向用户主动提供及时、精确、科学的信息，并依据用户的反馈及时对推荐结果进行改进的应用技术。推荐系统不仅能根据用户个性需要对用户提供及时的信息服务，而且能积极主动地关注收集甚至提前预测用户可能感兴趣的信息，提前进行信息的收集和整理工作，切实实现对用户的个性化信息服务。服务推荐的主要特征就是主动性、高效性和灵活性。主动性即推荐服务在用户没有发出信息请求的时候主动传输用户可能会用到的数据。高效性主要是指推荐系统能够有效利用网络空闲时期传送大量的数据信息。灵活性则表现在用户能够灵活地根据个人需求安排系统连接时间，自动获取网上音频、视频等个人用户指定的信息资源。这种服务推荐的技术体现在高校大学生事务管理上即为服务推荐理念，即借鉴服务推荐技术的主动性、高效性、灵活性，使高校大学生事务管理人员增强主动服务意识，满足不同大学生的个性化需求，把"让每一位大学生满意"作为信息服务的最终目的，为每一位大学生提供高质量的信息服务。

(二) 更新信息化的高校大学生事务管理理念的途径

首先，重视教育培训，学习事务管理新理念。高校大学生事务管理信息化建设必须以大学生为本，大力增强管理队伍的信息化意识。第一，通过培训强化管理人员的信息化意识。大学生事务管理队伍是贯彻落实管理信息化的主体，因此管理人员应用信息技术的水平和能力直接关系到整个学校管理信息化的速度。但是管理理念的养成必须建立在对现代化信息技术熟练应用的基础上，因此要加强对管理人才的信息化技能培训，确保人人能够基本掌握信息技术的相关知识和实践操作能力，并能够对相关的大学生信息进行简单的加工处理，比如学籍信息、注册信息、大学生选课信息等。更重要的是要加强管理人员的思想观念培养，让他们能够充分认识到信息技术在当代信息社会的重要性，同时要树立在管理中自觉应用信息技术的观念，培养和现代信息技术相适应的新型化管理理念，这是信息化培训的重中之重。第二，建立一支专业化的信息技术队伍作为信息化培训的有效支撑，同时把一部分计算机专业的大学生纳入信息技术管理人员的行列，让他们利用课余时间进行信息化的兼职工作。这支队伍一方面负责信息系统的完善和维修工作，以确保系统设计的科学合理；另一方面负责教育培训的后期工作，及时解答培训人员遇到的各种疑惑和问题，帮助他们快速地掌握基本信息技术和现代信息管理理论。第三，对全校人员开展信息化培训，不仅包括管理人员在内，还应包括学校领导和全校大学生，使他们能够系统了解信息系统的开发和应用原理，强化信息化管理思想和意识，增强个人信息化素养，以提高管理人员在日常管理工作中自觉应用信息技术的能力，并提升工作效率，进而促进大学生事务管理体制的改革和创新。

其次，通过校园文化，加大对管理新理念的宣传力度。传统的校园文化主要是通过广播、公告等方式传播。在当代信息化的冲击下，校园文化的与时俱进能够促进柔性管理和服务推荐理念的传播。大学生事务管理人员要积极主动以网络平台为教育阵地，努力开展积极向上的线上文化活动。第一，利用校园网普及范围广的优势，设立专门的形式新颖的理论研究窗口，及时对国内外重大教育时事新闻、国家重大教育政策和学校有关大学生管理方面的政策进行宣传，使网络成为教育政策、教育理念宣传扩散的平台，使大学生事务管理理念不只是进"校园网",而是走进大学生心里。第二,学校建立网上互动平台,由专门的队伍负责,包括学校里各种受大学生欢迎的社团,也包括一部分专业教师,通过各种调查研究了解当代大学生感兴趣的话题、感兴趣的活动、学习生活中可能遇到的问题,在这个平台平等地与大学生互动交流,畅所欲言。大学生也可以在线提出各种活动意见,以便及时地加以改进。最重要的是活动要具有超前性和预测性,真正做到推荐服务、主动服务。第三,开设专门的心理健康咨询室。网络具有隐蔽性、匿名性,大学生可以通过网络听取心理专家的建议,把心理疾患扼杀在萌芽状态,以增强心理素质,保持心理健康。

三、培养和建立促进信息化发展的高校大学生事务管理队伍

大学生事务管理人员不仅是大学生事务管理的对象和主体,还是实践管理创新的主体。

管理创新对大学生管理人员的智力、能力要求非常之高,因此管理人员要创新就必须具备良好的身体和心理品质,还必须具有创新的意识和能力。最重要的是,面对信息化时代带来的严峻挑战,高校管理人员还必须具有创新的精神。

(一)建立高校大学生信息化队伍

首先,高校大学生事务管理队伍职业化建设。职业化是以事务处理资质为核心,以完成和提高工作效率为主要目标,依据社会需求和人的发展需求提出标准的过程。具体来说,职业化就是人们把某项工作作为其长期或者终身从事的专门工作领域,并利用严格的资格认定机制、专业化的培养实施机制和明确标准的量化指标来衡量、规定自我以及发展自我。高校大学生事务管理人员的职业化建设就是指其以大学生管理为终生职业,并能满足自身发展需要。美国的职业化发展水平较高,同样美国大学生事务管理人员的聘任制度与晋级制度有明确、可以量化操作的指标与管理准则。对于专业能力方面,要求具有心理学、教育学、大学生发展理论专业和管理实践应用等知识能力与专业素养。入职后的学习与发展一样不容忽视,美国大学生事务管理者必须接受入职后的相关量化性指标考核与培训,进行资质鉴定,合格者

才能继续聘用。我国高校也要求管理人员必须具有高尚的职业道德和职业操守，实行严格的选聘制度。

其次，高校大学生事务管理队伍专业化建设。专业化是以人的专业水平为核心，以拓展提升从业人员的专业能力素养为目标，帮助从业人员以专业的视角适应专业岗位要求和熟悉岗位职责的过程。在秉承岗位职业化所要求的从业人员所需要的专业资格水平的基础上，大学生事务管理人员要提高自我专业化水平，在资质上和专业能力上均被认可。对于大学生事务管理的专业化需要从两个方面来认识：一是职能分工专业化，大学生事务管理部门和学校其他职能部门要有职能上的分工与协作；二是建设大学生事务管理者专业化的职业水准。我国高校现今已经形成了职能上专业化的管理机构和人员（专职辅导员）上专业化的管理队伍。但目前这种专业化仍然处于低水平的发展阶段。专业大学生事务管理人员队伍的学历层次和思想存在差异，同时在年龄结构和性别结构上配置不太合理，不能充分适应大学生和学校的发展。这就要求制定专业化的大学生事务管理标准：一是大学生事务管理在高等教育中具有相对独立体系；二是专门化的管理机构；三是专业化的大学生工作管理人员；四是职业化的工作岗位标准。要建设专业化的管理团队，培养任用具有专业眼光、专业头脑、专业思想、专业研究方向的管理者是一项重要的任务。

最后，高校大学生事务管理队伍专家化建设。专家化是以管理人员的职业发展为核心，以提升职业业务水平，满足社会需求与社会适用性为目标，使职业化、专业型人才在专门管理岗位上进一步发展，成为具有解决复杂问题能力和专业深入化研究能力的创新型人才。大学生事务管理队伍专家化建设是指要求管理者在具备职业化水平和专业化素养的同时，在实践岗位任务的过程中具有创造性的研究理念与能力，具有激发管理人员的热情，拓展其职业发展空间，提高其职业化水平的专家型管理能力等方面的规范化引导机制。管理人员队伍专家化建设要求管理人员理论基础深厚、管理经验丰富、能够熟练解决高校中出现的各种大学生问题和管理问题，在工作中努力成为集思想政治教育专家、管理专家、大学生服务专家于一体的专家型人才。

(二)建立高校大学生信息化队伍的途径

高校大学生事务管理队伍是高校中负责大学生教育管理的核心力量，承担着大学生思想政治教育和大学生事务管理的双重任务，培育一支能够适应信息化环境的职业化管理团队是大学生工作队伍信息化的关键。培育高校大学生信息化管理队伍应从四个方面着手。

第一，在信息化管理意识上要强化管理信息化意识的重要性与紧迫性。管理人员的认知水平往往受到传统的大学生事务管理方式的束缚，思维产生固化。对于信息化的管理方式不太适应，甚至认识不到信息化管理的重要性，信息化意识较为薄弱。信息交流时代的网络传播具有即时性、互动性和开放性，这使得高校大学生管理工作更加复杂化，直接在一定程度上削弱了传统管理手段的有效性与执行力。管理人员具有创新意识是进行管理创新的必备条件与前提，创新意识和想象意识是创新的重要来源，因此要积极选拔具有创新意识的人才进入高校大学生事务管理队伍，在实践的基础上，培训和引导管理人员的创新动机，信息化的宣传和信息化舆论可以促进高校大学生事务管理者创新性的培养。

第二，培养具有应用信息技术能力的从业管理人员。培训从业管理人员的创新能力和应用能力，信息化背景下创新意识的养成不可能一蹴而就，创新能力的培养在从业者的工作中就显得格外重要。信息时代人们消耗最多的是智力与知识，这与工业社会时期的体力消耗和资源消耗大不相同，这就要求高校管理者不断地增强自己应用先进理念的能力与创新思维的能力。现代化的信息技术发展为高校管理体制的改革提供了强大的技术支持和发展手段，但同时也向管理者提出了新的任务与挑战。利用多种形式的培训模式，例如，可以听取信息化管理讲座，参加不同领域的信息化管理经验交流会、论坛、年会等，这样可以确保工作人员的管理思想与信息化接轨。这个过程可能存在一些困难，甚至是改革的阵痛，人员的调配与调整会有很大变化，所以在执行过程中不宜操之过急，而应当保障新旧管理体制之间稳定顺利地转换。对于高校管理信息化的工作者来说，面临的新挑战主要集中在信息技术的驾驭能力方面，可以在日常的管理实践中应用信息化平台，提倡和鼓励大学生参与到信息化的交流互动中，这样在实践中才能提升自我和团队的信息化管理水平。同时,在高校建设的政策倾向上,应当给予信息化管理必要的支撑,使按照标准化运转的高水平专业化管理人员的管理工作得到强有力的保障。

第三,传统管理体制优势与现代化信息技术相结合。创新是以传统为基础的创新,要秉承扬弃的思想,充分吸收传统管理体制的优势,发扬信息化管理的技术性优势。传统的大学生管理团队的最大优势在于拥有极高的政治理论素养,熟悉大学生事务工作流程,了解特殊问题具体分析的解决机制。这种优势就要求管理者继续发扬对于基础理论熟悉的优势,利用个体在大学生中的领导力与合理的管理方式,积极影响大学生在价值观、政治立场、重大原则性问题上与党和国家的方针路线保持一致。这种传统优势是单纯依靠网络信息化不能替代的,所以要以扎实的理论基础为引导,以信息化平台为媒介,以数字化和自动化管理为手段,提高管理效率,减少各种冗杂的程序,使信息化管理方式与传统管理理论基础相衔接,以实现高校信息化的成功转型。

第四,实行校企合作培养创新型信息化人才。制订并完善"产、学、研一体"的教学计划。课堂信息化教学与实践教学相结合,通过产、学、研结合,高效地建立研究性学习基地,全面提升大学生实践能力、信息化创新能力。利用研究性学习基地进行大学生创新创业教育,提高大学生就业能力,并为其寻找创业商机。产、学、研合作机制是培养信息管理创新人才的制度保证。国家教育管理部门及高校要制定鼓励和支持产、学、研合作办学培养信息管理创新人才的制度,构建大学生研究性学习、创业引导机制等实践教学创新体系。因此,高校要积极探索信息化管理创新人才的培养理论、方法和途径,培养大学生研究性学习的自我教育、自我优化、共同提高的机制,培养大学生的创新思维和创业能力。

五、丰富高校大学生事务管理的内容、方式和手段

(一)增加高校大学生事务信息化管理的内容

我国高校大学生事务信息化管理的内容包括日常事务管理、大学生成长辅导、大学生生活服务等。与中国当前信息化的国情相适应,高校大学生

事务管理还应包括信息化教育。

大学生事务管理的内容应该随着时代的不同，针对不同的大学生群体适时地做出调整和变化。高校的信息化管理内容涉及大学生的学习、生活等方方面面，丰富高校大学生事务的内容主要应从数量和质量两方面进行扩展。首先，从内容数量上来看，不同大学生对高校管理服务的不同要求制约着高校大学生事务管理内容的广度和深度，高校大学生事务管理内容也要与时俱进，不能故步自封。除此之外，大学生认知发展有同化和顺应两种机制。随着信息化的发展，大学生事务管理的内容逐渐增多同样也存在同化和顺应机制，即加强对高校大学生事务管理内容的整合。如果新增的信息化内容在传统的内容框架之内，则直接把它同化入原有知识体系之中，如果新增的信息化内容自成体系，则把原有的内容做出调整之后顺应新的内容体系。通过同化和顺应不断丰富大学生事务管理内容，可以为建立科学、高效、合理的大学生事务信息化管理模式打下良好的基础。

(二) 丰富高校大学生事务信息化的管理方式和手段

在信息化背景下，以信息化管理的方式和手段代替传统事务管理的方式和手段是一种必然趋势。这就要求我们在管理手段上进行重点创新，使管理手段适应信息化时代的发展趋势与要求。

未来信息化的管理方式最大的特点在于管理组织机构的任务主要集中在信息的加工、制定、传播、服务和反馈等方面。这将与传统的组织管理模式完全不同。作为权威机构的管理者负责提供丰富的、有针对性的数字化信息。这种智能的定位要求管理部门必须采用先进的计算机硬件设备，同时开发符合自身特点的软件应用型系统 (如基于互联网的 MIS 应用、微博、校园论坛等)，通过这些系统可以实现信息化的线上线下、实时及时的信息收集、处理、协商和决策等管理服务。这种软硬件相结合、专业化的管理与职业化的理念会使得管理内容既有标准化又有个性化，既有可依据的规范，又不失人本主义的服务理念。高校大学生事务信息化管理者是信息的重要提供者，信息的共享与资源的充分利用是管理的关键，信息的传播范围与面向的成员主体都应当及时进行调整。

第五章
教育信息化背景下高校行政管理机制的构建

第一节 高校行政管理相关概念及理论基础

随着中国高等教育的不断发展和大学教育体系的不断改革，高等学校对行政工作的要求不断提高，行政工作的有效性影响着教学质量和校园其他工作的质量。因此，行政工作的有效性对大学教育的全面发展至关重要。

一、行政管理的含义

行政管理分为狭义和广义两种含义：狭义含义是指国家将权力用到治理社会事务活动之中。广义含义是指社会中的一切团体和组织对其事宜执行和管理的工作。在现代行政管理中，多数是将系统的工程方法与思想结合起来，以降低人力、物力和财力，乃至时间的浪费，最终提高行政管理的质量和效率。

我国高校的行政管理主要是从事科研活动和非教学的行政管理机构所进行的管理活动，相对于高校的教师和研究人员来说，他们大多是管理者。也就是说，他们的权力来源于政府对教育的行政管理。高校以科研和教学为主，行政管理主要是起到辅助性和保障性的作用，是高校管理不可缺少的一部分。

高校的行政管理是高等院校特有的一种管理手段。通常，高校有以校长为首的一套高校行政管理系统，高校的行政管理人员要履行其指定的系统来完成高校的各项管理工作。政府在对高校的监管上，主要是采取指令性的手段进行监管和检查。

高校为实现其在教育上的目标，必须充分利用可以利用的资源，以及较为灵活的工作手段，制定完善的制度，其目的就是既要达到预期的行政工作效果，又要保障其管理职能能够顺利地进行。高校行政管理的主体主要是指管理层的领导和具体执行命令的行政工作人员。高校的人力、财力和物力等其他资源，应根据教学科研需要和高校发展目标，经过行政管理的协调安排，达到效率的最优化，以实现高校各项工作的顺利进行，从而推动高校的健康、长远发展。

二、高校行政管理的内容

我国各高校的行政管理内容主要包括以下三个方面。

（一）协调好学术与行政之间的关系

目前，高校在行政管理上存在一些问题，最为突出的问题是行政权力和学术权力之间的关系问题。高校要对行政人员和学术人员进行剖析，妥善处理行政管理的高层、执行人员与教师、教授以及大学生之间的关系，以便更好地进行高校行政管理工作。

（二）配置好部门的功能

高校的行政管理部门的设置，离不开其执行上的各项功能。所以说处理好部门与功能之间的关系是做好行政管理的关键。高校的管理部门在设置上一定要注意，高校的行政管理部门的功能不能重复配置，其功能要具有科学性和合理性，功能要和岗位相符合。高校行政管理部门的功能如果不匹配，权力产生重叠，行政管理工作就会出现混乱现象，就会严重影响行政管理工作的效率。所以，要切实处理好行政管理部门的功能问题。

（三）协调好职员结构和改革管理之间的关系

高校的职员结构和改革管理之间的关系，是高校行政管理的重要内容。高校的行政管理改革，通常离不开对行政管理人员的队伍进行改革。如果出现行政管理人员的队伍过于庞大，在管理中就会出现很多的问题，甚至会出现行政管理工作停滞的现象。整个高校的行政管理队伍结构越是精练，职能分配就越清晰，就越能达到预期效果，越能激发出行政管理人员的工作热情和创新精神。

三、高校行政管理的职能

高校行政管理的职能主要来源于政府教育行政管理职能。高校的行政管理职能可以大体分为执行职能、社会的服务职能和社会管理的职能。下面将详细介绍以下三个职能。

(一) 执行职能

高校行政管理的执行职能是指各高校要以国家制定的各项教育方针政策为主，按照当前的方针政策进行教学管理。

(二) 社会的服务职能

社会的服务职能则体现在行政管理组织通过各项规章制度和职能来组织高校的非行政人员进行教学和科研研究等行为。在教学和科研中，处理好各种问题，使高校的教职工都能在自己的岗位上勤劳奋斗和爱岗敬业，最后达到各高校的预期目标。

(三) 社会管理职能

高校行政管理的社会管理职能，主要表现在行政管理人员通过管理运行体制和实施具体的管理职责，能够对高校的教职工进行正确的、规范性的指导，使他们能够按照政策和规范有条不紊地进行工作。

高校行政管理的职能对高校的教学起到保障作用，要随着社会的发展和变化不断地完善和创新高校的行政管理方式、方法，只有这样才能更好地促进高校教育水平的提高。

四、高校行政管理的运行机制

要想充分地发挥高校的行政管理职能，首要问题就是要不断地对运行机制进行创新和改革。这就要求高校要有一个良好的运行机制来对其工作进行保障，使高校的行政管理人员能够尽职尽责地工作，以便更好地调动行政管理人员的能动性。要想切实可行地运用好各高校的行政管理职能，首先就要做到熟知行政管理的基础理论，要因地制宜地根据院校的实际情况，确定一个符合实际的运行机制。除要注意把握普遍性的行政管理特征外，还要注意把握教育自身的规律特征。总体来讲，各高校的行政管理运行机制包括竞争机制、决策机制和动力机制。

(一) 决策机制

高校在行政管理上，只有做好科学与民主的统一，进行科学的民主决策，才能在高校行政管理的过程中做出最恰当的行政决策，才能最大限度地保障高校行政管理的运行合理性。

(二) 竞争机制

竞争机制是高校行政管理中的一个不可或缺的重要机制，而竞争机制的建立，主要体现在教学水平管理和高校师资队伍的管理上，在教学与科学研究、后勤保障等方面也需有明显的体现。高校行政管理人员通过公平竞争实现优胜劣汰，这就是竞争机制的显著特点。市场经济的重要法则之一就是竞争。高校行政管理引入竞争机制，对于行政管理人员的创造性和主观能动性发挥了重要的督促作用，这有利于提高高校行政管理工作的效率以及工作业绩。

(三) 动力机制

首先要强调的是高校行政管理的动力机制，包括其内在的向心力、外界的压力与吸引力。其中所说的吸引力，指的是高校的办学条件、校园环境、悠久历史和高校的学术氛围等一系列影响力，高校只有具备了吸引力，才能更好地形成能动力和向心力。就高校现状来讲，高校的行政管理人员和教职工的价值观是高校在前进路上的动力。而外界的压力又主要包含了高校在社会上的口碑、国家的重视程度、各高校的教育目标等，这实际上就是动力机制中不可缺少的一种反弹现象。

五、高校行政管理的作用

高校得以实施教育和科学研究的首要条件就是高校的行政管理，高校的行政管理在其管理体系中起着最基础的作用，最为突出的就是指导、调节和约束功能。所以我们既要保障、协调好又要激励好高校行政管理的发展与改革。

第一，各高校的行政管理工作的保障性，主要表现在高校行政管理的服务性功能。高校的行政管理工作涉及整个高校的运转，高校的所有事宜都离不开行政管理。即使是一件微不足道的事情，如果管理上出现问题，都会导致全局出现问题，阻碍工作的进展，降低工作效率。要想切实保障高校行政管理的发展与改革，高校的行政管理工作就要积极地发挥好其服务性的功能，将服务性功能运用到工作中，处理好各种关系。

第二，高校的主要目标就是为国家培养人才，必须通过对大学生的教学、管理和服务来实现这一目标。对大学生进行教学、管理和服务，必须通过高校行政管理部门的协调，而各部门之间又具有较大的差异性，所以，在出现各种不协调的情况时，高校的行政管理部门就要切实地发挥作用，认真处理好各部门之间的关系，充分发挥行政管理的协调服务功能。高校的行政管理人员在其行政管理工作中，一定要强化教学和科研服务的管理理念，把高校的行政管理工作深入到高校的每个工作环节中，最终实现高校行政管理整体效率的提高。

第三，对于激励高校进行行政管理的发展与改革，国家要给予大力的支持，作为各高校发展与改革的强劲后盾，高校自身也要激励所有的教职工和大学生。而对于高校的行政管理工作来讲，它的具体作用就在于对学校内部各部门及其员工的工作情况进行监督与检查，最大效率地完成工作任务。高校行政管理工作应将绩效考评加入其中，只有这样才能使政策得到贯彻落实，最大限度地为高校行政管理工作的体系化、可持续性和模式化发展打下扎实的基础。

第二节　信息技术在高校行政管理中的应用

高校是现代科学技术发展的前沿阵地，因此，新技术都是率先在高校中播种开花。高度发达的计算机信息技术渗透到学校方方面面，它将行政管理、信息管理、教学服务、研究开发等各类系统连接起来，以此实现这些系统之间的信息交换和信息服务，使校园的教学科研资源与社会知识资源实现高度整合，使信息化校园网成为完全开放、超越时空的校园网络平台和知识中枢。

信息技术同时也是教学科研的必备手段。教学通过网络收集资料、组织教案、开通网络课堂，师生通过网络互动，使各种教育教学信息在网络中传递，而网络传播的文本、声音、图形、图像、动画和视频也极大地丰富了教学内容，提高了教学质量。

一、信息技术在高校行政管理中的具体应用与功能

应用信息技术的整体功能模块可满足构建校园内部管理平台和网络平台的需要，包括办公自动化、学校的教务管理、大学生学籍管理、成绩管理、教工管理、校园资产管理、校长办公等，以解决学校内的日常办公与教学及其他业务的管理问题。

（1）教务管理。教务管理模块主要完成学校教学事务管理工作。①班级管理：班级基本信息管理，文理分班；②科目设置：设置学校开设科目；③教师授课设置：设置教师的任课课程；④年级/班级课程安排：安排每个年级和每个班级每学期和每周的课程、课时；⑤课程表编排：编排每个班级的课程表；⑥教师评价：对教师进行综合评测。

（2）大学生学籍管理。①新生入学：新生入学信息管理；②大学生基本信息：大学生的概况、家庭情况、操行、评语、奖惩、个人简历、入学成绩、考勤、特殊情况等信息管理，以及大学生上述信息的查询、统计；③大学生班级调整：调整大学生所在班级，完成调班、跳级、降级等功能；④毕业生信息：提供毕业生基本信息以及在校情况查询。

（3）成绩管理。①成绩录入：当前学期、历史学期的成绩录入；②班级成绩管理：对当前学期全校所有班级的每次考试的各科考试成绩进行统计，并对分数段进行分析；③任课教师单科成绩管理：任课教师对所教班级的当前学期各次考试成绩进行统计和管理；④学期成绩管理：由平时考试、期中考试和期末考试通过给定的比例计算出学期总评成绩，并获得大学生的成绩曲线；⑤任课教师试卷分析（该项功能只适用于任课教师）：任课教师录入该班大学生此次考试的卷面各题目的得分，可以计算出本次考试的得分，同时

可以得到每题得分率、每题全对人数和全错人数等试卷分析的结果；⑥成绩统计：以年级或班级为单位，对大学生的考试成绩、名次进行统计，可以统计班级或年级成绩（名次）统计表、班级或年级成绩排名表和大学生的个人成绩条等成绩报表；⑦成绩分析：对年级历次考试的分数段情况、考试分析数据进行统计分析；⑧成绩管理设置：设置选课情况、满分值、分数段、筛选大学生记录，校正成绩错误。

（4）教工管理。①教工基本信息管理：教工的基本信息、个人简历、家庭情况、奖惩记录、任职情况、业务活动、文章发表情况、业务进修情况、先进事迹以及工资信息管理；②教工基本信息查询、统计：按姓名、性别、工作部门、民族、职务、婚姻状况等信息对教工信息进行查询；③其他管理：按部门、专业技术职务/职称、学历、政治面貌等不同标准对全校的教职员工进行统计。

（5）校园资产管理。①固定资产管理：校园固定资产的登记、折旧、报废、遗失等，标准固定资产报表管理；②实验设备管理：按照部门、年级组、科目等信息对实验设备进行登记、折旧、报废、遗失等管理。

（6）校长办公。①教工信息查询：对教工的基本信息、综合测评等信息进行查询；②大学生学籍信息查询：对大学生的基本信息、成绩、奖惩等情况进行综合统计查询；③校产信息查询：对学校固定资产、实验设备等校产进行综合统计查询。

（7）系统维护。①系统用户权限管理：管理系统用户对系统的使用权限，用户的信息管理；②代码表管理：对系统各个模块的代码进行维护；③学期管理：设置当前学期，维护学期信息。

（8）校园信息发布（校园网站）。一个功能全面的网站内含多种形式的信息发布系统，拥有"傻瓜"式的网站管理方式、风格多变的网站风格，聊天室提供用户IP监控功能、校内新闻发布、行政办公通知信息发布、教学信息发布、课外活动信息发布、同学录等功能，方便学校迅速建立自己的门户网站。

（9）论坛。教学研究论坛，大学生学习论坛，课外知识论坛。

（10）远程教学。课程管理，智能答疑，远程讨论，课程学习，远程教学资源管理。

（11）图书馆管理。图书入出库，借阅管理，图书查询，编目管理，读者管理。

（12）电子备课系统。提供"剪切+粘贴"的便捷课件制作方式；可实现课件的点播、发布、评比、维护等功能；兼容各种文件格式且内容丰富的素材库及其完善的管理功能，可以上传多种格式的已有课件，如PPT、Flash等。

（13）在线考试系统。该系统具有智能化网络在线考试功能，强大的成绩统计、分析功能，周密的防作弊功能，可作为独立模块单独使用。

二、高校行政管理信息化体系的架构

（一）网络平台

网络平台是信息技术建设环境中计算机、应用软件和电子通信体系等结构的总和。网络平台是一个开放的体系，它随着信息技术和信息理念的发展和变化而不断地变化和升级。网络平台又是一个规范的体系，它是在共同的数字化标准（指信息技术所运用的各项技术都应该具有一个统一的标准）、信息化的程序标准（在信息技术建设过程中所运用的各种程序都应该具有一个统一的运行平台，所输出的各种数据同样应是标准化的格式）和信息资源的共享标准（信息技术的配置是建立在共享的基础之上的，要保证全面的兼容与规范化，绝不能自我封闭）上运行的。因此不同时期、不同学校的网络平台并不完全相同。

（二）管理平台

管理平台是信息技术建设环境中的观念体系、协调组织、管理方法和管理程序等要素的总和。管理平台首先包括"硬平台"，即构建用于管理信息技术应用各项活动的管理信息系统，这是管理平台的基础。管理平台主要包括教学管理系统（本科教育、研究生教育、网络教育等）、大学生管理系统（招生、就业、大学生工作等）、人事管理系统（人才引进、教师培训、工资管理、人事档案等）、科研管理系统（纵向课题、横向课题）、财务管理系统、公共服务体系管理系统（网络信息服务、图书档案信息服务等）、后勤管理系统（教室、宿舍、餐饮等服务），以及资产管理系统（房产、地产、设备仪器、无形资产），等等。管理平台还包括"软平台"，也就是信息技术应用下的管理思想、理念和各种管理制度。只有将"软平台"和"硬平台"的建设结合起来，才能发挥其作用。

(三) 资源平台

资源平台是信息技术应用环境中数字化的各种资源的总和，其核心是各种数据库。学校的信息库一般有大学生信息库、教学信息库、专利信息库等。

三、电子校务在高校行政管理信息化发展中的创新应用

(一) 电子校务的认知

将信息技术与高校行政管理进行融合，利用网络通信与计算机等现代信息技术将其内部和外部的管理和服务职能进行紧密集成，可以实现学校机构精简、工作流程优化、资源整合。通过学校网站，大量频繁的行政管理和日常事务可以按照设定的程序在线上进行，从而打破时间、空间及部门分割的制约，全方位地为学校及师生个人提供一体化的规范、高效、优质、透明的管理和服务。借用"电子政务"的概念，信息技术应用于高等院校管理的手段可称为"电子校务"，简单地说，它是指一个信息化、数字化、智能化有机结合的学校行政管理网络平台。电子校务应用现代化的电子信息技术和管理理论，对传统校务进行持续不断的革新和改善，以实现高效率的大学管理和服务。

电子校务利用了信息技术的主要功能，具体来说有以下几点。

(1) 展示。展示就是以网页的方式，提供高校综合信息，发布学校科研、教学、组织机构等相关信息，包括在网上做招生广告、科研征题、技术转让等。通过展示，可以树立学校的形象，扩大学校的知名度，宣传学校的科研和教学，以期寻找、吸纳新的生源和教学、科研伙伴。

(2) 发布。所谓发布就是在网络上传达学校的各种通知、计划、政策和各种动态信息，以保证上情下达。

(3) 服务。实现通过网络提供与教学、科研活动有关的信息，比如图书借阅、教学计划、教学安排、大学生成绩、教师状况及各种数据和报表。

(4)教育。网上教育是高校教育的第二课堂,通过网络面向校内外大学生开展可视教学,进行辅修专业和重修课程的教学及有关课程的补充教学,通过远程网络教育使大学生进入社会及其他高校的课堂,实现师资共享。

(5)交流。所谓交流就是实现各种网上沟通,包括上级与下级之间、教师之间、大学生之间、师生之间,学校与政府机关、校内与校外个体和群体之间的信息交流等。利用网络的这些功能,学校行政管理可以更好地实现其功能,达成其目标。

电子校务是电子政务在学校的具体化,两者有相同点,也有不同之处。

(1)信息技术在高校应用的网络平台是校园网,而校园网的数据传输速度高、信息提供针对性强、媒体的多样性等特点决定了高校电子校务系统可以建立在一个极具效率的网络平台上。

(2)高校利用信息技术的服务对象明确、业务规整。

(3)高校利用信息技术所处理的业务具有单一性与集中性的特点,也就是说,高校可以利用信息技术的功能,采取更加有效的方式处理学校事务。

(4)高校利用信息技术具有更高的安全性。一方面,在校园网上可以实施更高级别的安全性策略;另一方面,高校信息技术的集中式处理模式具有较高的安全性。

(5)高校信息对于其建立者和消费者来说相对对称,这一特性决定了高校信息技术的建立需要高校相关部门和消费者的共同。实际上,高校行政管理层既是电子信息技术的建设者,也是消费者,其双重身份决定了高校电子信息技术的建设及其功能确定的明确性。

(二)电子校务对促进高校行政管理发展的重要性分析

1. 高校行政部门纵向分权的协同管理

协同管理的本质就是将各方面的智慧集中起来,通过对各方面资源的整合,将各方面的力量充分地发挥出来,最终形成一股合力,从而在内部管理和对外服务上充分发挥学校行政组织中全体成员的作用,而不是单纯地只将上层领导的作用发挥出来。电子校务具备非常明显的分权特征,不仅可以将全体成员的作用最大限度地发挥出来,而且在此基础上赋予下属更多决策方面的权力,这在一定程度上能够将他们的积极性、主动性和创造性激发出来。与此同时，在电子网络化模式的组织下，如果每位组织成员的知识和潜能被最大限度地挖掘出来，整个组织的集体智慧就会显著增强，从而更加有利于高校行政部门实现纵向分权的协同管理。

2. 高校行政部门横向整合的管理

电子校务的协同管理的模式在一定程度上以业务流程为中心，并且在此基础上实现对业务流程的重新组合，以此来发挥电子校务的巨大作用，因此，各部门之间障碍的扫除对于工作效率的显著提高具有非常重要的作用。一方面，电子校务能够在最短的时间内通过各部门之间的全面调整实现重新组合，并且能够在现有行政部门边界保持不变的情况下加强各部门之间的合作，以此来实现资源的有效共享。另一方面，电子校务以现代先进的信息技术为依托，并在高校机构改革的严格要求下，通过对内部不同机构的重新组合，使其形成一个全新的、统一的机构。各部门不断加强组织之间的联系，在很大程度上促进了相关行政部门朝着无缝隙运行的方式发展，从而为高校提供良好的无缝隙化服务。

(三) 电子校务系统顶层设计的要点

第一，树立大局观，兼顾整体与全局。顶层设计的视角需要远离局部环境所带来的束缚和消极影响，树立大局观，站在全局的高度对电子校务中的决策进行科学、合理以及细致的分析，对兼容和共享进行全方位的考虑。

第二，对业务的需求进行科学的分析。业务作为电子校务设计的重点，在进行顶层设计的相关过程中需要对其可行性以及利益关系进行科学的分析。换言之，顶层设计的成功与否在一定程度上与业务领域有着直接的关系，包括与业务领域紧密相关的工作。

第三，促进学校行政管理绩效水平的不断提高。从某种意义上讲，学校的行政绩效其实与管理职能的转变有着最直接的关系，它主要还是围绕学校发展的具体目标而进行的。为保证学校发展目标的有效实现，就需要对学校的具体工作流程进行科学的优化，使其职能发生一定的改变，从而最大限度地促进行政效率的提高以及工作体制的创新与改革。

(四) 电子校务对业务流程进行科学的优化

管理服务流程的优化在一定程度上对于电子校务灵活性的显著增强具有非常重要的影响，通过对各项业务流程的梳理，能够及时地发现隐藏在行政管理中的各种问题，从而对流程进行一定的变革，实现对流程的持续优化。因此，在流程再造的过程中，需要以优质的服务来推动流程的发展，并且使变革后的流程能够提供更优质的服务。此外，要建立标准化的操作流程，以标准化为主要纽带，实现管理信息的共享和业务流程的规范，最终促进业务流程的持续化改进，从而极大地促进电子校务在高校行政管理中的科学发展。电子校务是在互联网网络技术和现代化教育发展过程中逐渐兴起的一种新型的管理模式，它在高校行政管理的协调发展上，在行政管理部门工作模式的转变、办公效率的显著提高以及监督功能的有效发挥等方面发挥着至关重要的作用。

四、信息技术在高校行政管理中的积极价值

(一) 优化高校行政管理决策

决策是否科学合理，对于高等院校的发展至关重要。历史上，不当决策一方面是来自利益的狭隘性，另一方面则是因为决策手段、程序、方法不够科学与高效。

信息技术的应用为高校行政决策的科学化带来了可能。信息技术可以推动决策流程的再造与创新，为决策信息、决策咨询、决策参与提供便利。信息技术的发展正逐步实现在适当的时候、把适当的信息提供给适当的管理者，这样就改善了决策者的有限理性行政决策的范围，有助于建立适当的行政决策控制幅度。信息技术的发展，使得高校决策者可以在广泛了解决策所需信息的前提下进行决策，避免了靠经验决策和决策信息不完备导致的盲目现象。例如，对于学校人才培养模式如何定位，如果采取传统的信息采集，则费时费力，资料不全，而利用信息技术，广大用人单位、大学生家长、大学生本人都可以充分表达自己的意见，学校便可以获得充分的信息。

(二)提高高校行政组织的组织绩效

第一,信息技术的引入可以优化管理队伍,减少高校内设部门的数量。高等学校传统的行政组织形式,是金字塔的科层组织体系。这种行政组织结构的形成与发展,有其长期的历史原因,它需要大量人力来完成很多相对繁杂的工作。而通过推进电子校务,引入先进的信息技术和构建高效的网络平台,原有的一个部门、一个行政工作人员可以做两个部门和两个工作人员的工作或者更多的工作。

第二,信息技术有助于形成"扁平化"的管理。尤其重要的是,信息技术使得高等学校内部信息为每个师生平等获取,许多问题在较低层级就能够得到解决,以上传下达为主要工作内容的中间行政管理机构大大精简,因信息传递不及时或传递失误造成的信息损失大大减少,行政运行成本大大降低,臃肿的行政组织结构变得更加扁平化、有机化和弹性化。电子校务采用人机结合方式搭建基本工作平台,打破了传统教育政务的集中管理、分层结构,改善了其机构重叠臃肿、日常教育行政事务处理速度缓慢的问题,实现了学校管理从金字塔式向扁平化结构发展,提高了教育系统内部各个部门及上下级之间的沟通效率以及教育行政部门的运行效率。

(三)增强高校行政体系的反应力与回应力

信息技术的应用即将削弱以至取消决策者与执行者之间的严格分界。在马克斯·韦伯(Max Weber)所设计的科层制中,组织内部层层授权,下级对上级严格负责,只有处在金字塔顶端的人才能掌握足够的信息而作出熟悉情况的决定。在传统体制下,只有处于金字塔顶端的领导层,才能够掌握足够的信息而作出相对正确的决策。在这种情况下,高等学校行政管理过程是不透明的,行政民主化程度是不高的。电子校务提供了交流平台,学校有专门的局域网,能够方便教师与教师、教师与领导、教师与大学生之间的沟通。通过这个平台,师生可以直接与领导层对话,把对学校工作的感想和建议及时反馈上去,使领导层能及时了解学校目前的实际状况,以全面促进学校的快速发展,增进领导层与师生之间的交流。

另外,学校还可以通过电子方式传达各种通知、计划、政策和动态信息，使教职员工和大学生能及时地获取有效信息。通过推进电子校务，高等学校行政机构可以在校园网平台上发布大量公共决策信息、校纪校规、行政决议、重大事项和最新行政动向，最大限度地满足师生员工的知情权、参与权和监督权，从而集思广益，促进决策科学化，增强高校行政体系的反应力与回应力。

(四) 加强高校行政组织的廉政建设

信息技术的应用为高校行政组织的廉政建设提供了新思路、新方式和新途径。一方面，由于高校信息化建设后，信息的公开性、信息资源的共享性、信息沟通的便利性，有益于高校管理者转变工作作风。另一方面，校务的公开。增加了高校行政管理行为的透明度。通过电子校务，师生能直接了解高校在做什么、如何做，有利于加强对高校行为监督；学校可以广纳贤言，迅速了解学校的发展动态。

(五) 改进高校行政人员的观念与素质

信息技术的应用打破了时空限制，使高校行政人员可以看到、听到、接触到以前无法感知的事物，能够进行高效信息沟通和海量信息处理，可以完成以前仅靠个人能力无法完成的工作。

1. 高校行政人员观念的更新和视野的拓宽

高校行政人员要适应信息时代的要求，就必须更新传统观念，树立效率观念、创新观念、服务观念、竞争观念、民主观念、法治观念等现代化观念。信息技术的应用可使高校行政人员及时获得大量信息，有助于他们逻辑、辩证和系统地思考问题，提高分析、判断和解决问题的能力。

2. 鞭策高校行政人员的全面进步

信息技术的应用既对高校行政人员的知识和技能提出了更高的要求，又节约了他们的精力与时间。前者成为高校行政人员不断学习与培训的直接动力，后者则为其参加学习与培训提供了可能与机会。此外，信息技术的应用带来的教育方式的更新（如网络学校）为高校行政人员学习现代化的管理知识，掌握与运用现代化的行政管理技术和工具提供了极大的便利。

(六)提高管理人员的工作效率和质量

校园一卡通系统是建立在校园网上的多种金融系统和管理信息系统的综合系统,校园一卡通的实施不仅提高了大学生的生活和学习效率,而且学校也受益匪浅。校园一卡通的统一认证和模块设计使系统维护工作变得轻松简单,解决了高校管理系统工作量大、管理和数据统计不方便等问题,提高了系统管理人员的工作效率和工作质量。大学生管理信息系统,可以提供信息资源的查询、下载、网上选课、成绩实时查询、课程目录等教学信息的查询、学科专业培养方案查询等。通过 E-mail 可以向学校反映工作、学习、生活中遇到的问题与困难。对内,信息及时互通,资源及时共享,提高工作效率和管理效能,减轻管理人员体力劳动,使其集中更多精力开展具体创新性的研究和实践工作;对外,系统数据库与招生办、学位办数据库可对接,大学生与教师、社会与学校之间联络方便,便于及时交流。

(七)提高了办公效率

信息技术的应用不仅能够提高工作效率,降低管理成本,增强管理的科学性和民主性,实现学校与教育部门之间的电子信息交换,快速准确地完成上传下达的任务;还能够规范工作流程,明确各部门的工作与管理职责,最大限度地减少部门之间互相推诿的现象。管理部门的绝大多数日常事务处理如公文处理、会议管理等都可以通过网络平台完成,大大提高了信息处理的数量和质量。如招生就业网,随时对外发布信息,不但解决了招生和就业期间门前车水马龙的情况,而且对大学生提出的疑难问题也可以给出圆满的答复。

(八)电子校务为领导层提供高质量、有价值的信息

传统行政办公模式的信息传递和事务交接由人工通过纸质载体完成,易出差错,透明度低,规范性差,存在重复劳动;上下级和部门间无法实现信息的集成和共享,难以及时沟通和高效协同工作;信息和工作流程相互分离,很难获得至关重要的即时信息,使工作监控和评估困难,无法为领导的科学管理和决策提供可靠的依据。随着信息时代的来临,各个方面的信息蜂

拥而至，信息技术的应用可以使高校工作人员对信息进行加工、综合，去伪存真，为决策者提供高质量有价值的信息，为决策的成功提供重要依据，极大地提高工作效率。

第三节　教育信息化背景下高校行政管理机制构建路径

信息化的管理工作相比传统的管理工作最大的优势就是效率的极大提高，其舍弃了传统管理方式所需要的层级关系，充分利用信息化的扁平优势，最大化地减少了层级关系，提高了行政管理的效率。在教育信息化背景下，构建高校行政管理机制的路径如下。

一、提高思想认识，不断提高信息技术的利用率

计算机应用软件、网络平台是管理思想和管理方式的载体，利用信息技术来创新和规范学校管理方式，不能被看作单纯的技术问题。首先，我们应当转变观念，将管理与技术联系起来，使日积月累的、成功的管理思想和管理方式凝聚在管理应用系统之中，这个系统实际上也就是管理思想和管理方式的结晶。任何一个应用软件或者网络平台，都绝不是现有工作程序的简单复制。在信息技术的应用过程中，首先应当提高思想认识，将科学、合理的管理行为和程序固化到信息技术中，根据新形势和新要求不断进行技术改进和创新。

信息化的办公系统对部分领导和机关工作人员来说，是一个全新的事物。他们可能更习惯原有的人工传送信息方式，有的甚至会对信息技术产生抵触情绪。要使大家能够适应新型的办公方式，需要一个较长的过程。这就需要高校领导层积极地宣传与动员，有必要根据不同的要求，对全校的行政管理人员进行培训，使行政管理人员都能掌握操作方法以适应现代化管理手段，从而提高信息技术的利用率。

二、因地制宜，从成本与效益的角度出发，进行整体规划

高等教育走向信息化、现代化是历史的必然。网络信息化已成为高校

自身发展尤其是行政管理的必然需要，信息技术在全校的实施是一项非常复杂的过程，涉及面广，信息量多，工作难度大，不但涉及管理体制、机构设置和管理方法等方面的变动，还需要考虑报表格式、数据分类及编码统一等问题，这些都是事关学校全局的问题，只靠几个管理人员或专业人员是难以解决的。在人力、财力、设备及场地的调配上，需要领导亲自进行协调，出面解决各部门之间的关系。也就是说，要由学校主要领导亲自参加，坚持集中控制，集中开发。如果没有学校领导的参与，无论是在系统规划的制订，还是实际执行的过程中都会遇到许多不可克服的困难。

从成本与效益的角度来看，管理系统可以分解为一系列相互关联的子系统。如果一所学校内各个子系统都各自任意开发，各自有自己的程序和数据，项目之间各搞各的，不但会造成工作相互重复，还会造成技术成本浪费与效益低下。学校的信息化建设的发展规划应当成为学校教育发展总体规划的一个组成部分，要遵循"统一规划、分期建设、逐步实施"的原则，从学校的实际情况出发，决定应用需求及分期目标，确定和实施具有自己特色的信息化建设方案。

三、统一标准以集成系统

统一标准是互通互连、信息共享、业务协同的基础。电子校务系统是一个内含多种应用系统的集成体系，由于各应用系统在应用范围、构建方式、数据资源等方面存在一定差异，因此对整个电子校务平稳运行存在较大影响。在信息技术的建设过程中应按照教育部颁布的《教育行政部门管理信息标准》统一规划和组织，依托现有资源和信息化工作的基础，坚持自主制订与采用标准相结合，实行自上而下的设计方案，上级规划为下级提供参考，下级规划在上级规划的基础上根据本校的特色进行。适时推出与电子校务相适应的标准体系，建立健全各类办公自动化系统、业务处理系统、公文流转处理系统、公众服务系统等，以实现高校内部的教学管理、人力资源、校务管理等系统间的共享和数据交换，为用户提供统一的访问界面，为高校的教学、科研与社会服务创造最优的解决方案，进而达到提高大学运作效率和加强高校核心竞争力的目的。

准确而全面的数据是领导进行决策的重要依据，利用它可以找出问题，开创未来，推动高校不断向前发展。现代数据库，尤其是数据仓库、数据挖掘和联机分析处理技术为充分利用历史数据提供了有效的解决途径。对历史数据的整理及资源的整合可以获得科学的信息，可以使基于经验的决策向理性决策转变，使领导清楚地了解学校工作哪些方面做得好，哪些方面还存在不足，从而明确今后的奋斗方向，并以此制定正确的策略和措施。针对现有的繁杂并且数量庞大的网络资源，有必要进行整理和分类，最终建立针对教学、科研、管理等不同内容的、具备强大搜索功能的门户网站，使广大师生以及高校行政管理人员能够通过简单操作即能获得相关信息与服务。同时还要以数据镜像的方式，建立全球教育资源吸收系统，通过互联网对一些高质量的图书馆、专业数据库建立镜像，为广大师生提供更加专业、更加前瞻的教学、科研、管理等方面的资料。此外，信息资源只有走向联合，才是生存的出路。在信息资源共享过程中，要坚持探索创新，构建信息资源管理系统。打破各部门条块分割的现状，选择那些有必要且有价值的信息资源进行共享，否则只能造成共享水平的整体下降。共享部门应制定明确的指导思想，把信息资源共享作为一项综合性的发展工程，并制订详细的共享规划，鼓励大家积极系统地进行开发和整理，使共享资源具有可获取性。在信息资源的开发、传播及使用过程中，应注重个性化服务，使信息资源人性化，把印刷型的信息资源数字化，把内容稀少、简单、枯燥的信息资源逐步丰富化、实用化，把以提供学习拓展知识为主的信息资源转向以培养创新能力及满足人们多方面需求的信息资源，以此提供原创性更强、质量更高、数量更多、成本更低的信息资源。

四、按管理职能来规划，提高管理人员使用信息技术的能力

每个高校的行政管理部门不下数十个，所有这些部门的工作都是围绕教学、科研、大学生和人事、财务、设备、生产、后勤等几个大方面的管理过程来进行的。机构设置可以分分合合、增增减减，各部门的职能也可以变化，但是学校内这几大类基本工作不会变。因此在应用信息技术时，可以按照学校的几大类管理职能来进行规划，以减少不必要的重复，增强各子系统之间关系的相互协调和一体化，使资源分配能够得到更有效的管理控制。

信息技术的实施和应用是一项较为复杂的系统工程，必须进行充分细致地

调查、缜密的分析，并不断完善系统功能，以保证办公自动化系统的顺利实施。

在系统实施开发的过程中应注意与系统操作人员的沟通，以避免实施过程中出现原则性问题，不得不"推倒重来"的事情发生。信息技术的使用者是管理者，一般而言，它是用来为管理者提供全面的、具体的工作详情，并具有执行、控制和辅助决策功能的一种综合性的人机系统，即它能为一个单位处理事务，也能为一个单位的管理提供决策支持。这里要强调的有两点：一是以计算机为基础；二是网络管理的建立既是一项技术性工作，又是一项行政性工作。"人"是该系统中的重要因素，因为只有通过人的活动才能获得有用的结果。用户凭借工作经验与工作需求，在使用信息化办公的过程中，可以对信息技术的实施提出具有针对性的需求，使技术切实与管理活动相融合。结合管理人员提供的业务知识可以减少技术开发与运用过程中系统的交接问题，有利于设计一个好用、实用的计算机网络应用系统。另外，信息技术可以通过数字模拟产生理论最优的高校行政管理流程，但只有在高校行政管理人员的实践与检验中才能够得以证实。它的开发可能会影响到现行的管理方法的变更，涉及学校内部机制的调整和人员的变化。为了使这项工作产生实际效果，得到人们的普遍承认和更多支持，应该在管理干部中培养一大批熟练的技术人员，建立一支包括学校领导及各业务部门负责人在内的各类人员组成的操作使用队伍。因此，要根据不同要求，对现有的行政管理人员进行培训，以使大家都能掌握操作方法，提高整体的计算机应用水平。在其基础上建设一支具有系统分析能力的骨干队伍，以推动管理信息系统工作的不断完善。

五、协调管理并加强培训

为了使行政管理跟上形势的变化，要加强管理工作人员的技术再培训。要让他们掌握技术，尤其培养一种信息管理的意识，让他们从不愿、不习惯到觉得方便好用，最后主动适应信息技术的发展并将信息技术用于管理中。

笔者认为，电子校务不仅必须由学校的"一把手"直接领导，学校还要成立专门的电子校务工作小组，建立一支具有较高信息化素养、技术水平高、协调能力和服务能力强的管理队伍，以建立健全电子校务通畅运行的管理制度，如日常管理制度、安全制度等，促进电子校务管理的规范化、科学化。切实做到规范管理、协调管理，保证电子校务有序、健康发展。在电子校务建设的过程中，教育和培训是不可缺少的。首先，应对高层领导进行培训，使他们真正了解什么是电子校务、能发挥什么作用、会遇到什么风险、如何管理等。这样他们才能做出正确的成本估算，保证资金投入，监督实施计划的进行，协调各部门的矛盾，推进项目的发展。其次，学校应对全校的机关工作人员进行培训，特别是一些关键岗位，如办公室主任、各业务模块管理员等。必要时，可采取特殊优惠政策，积极吸引、招揽信息化人才，并增强他们利用信息技术的信心，发挥他们的积极性，为师生提供方便快捷的信息技术服务，发挥电子校务的最大社会效益。

六、从自身实际情况出发，分层次实施信息技术规划

在网络技术应用的过程中，由于人们认识上的差异，以及各高校自身条件的不同，管理信息化建设很难一步到位，各高校可根据自身的实际，立足长远，先易后难，循序渐进，分步实施。一定要从学校的实际情况出发，根据需要和可能，充分利用现有条件，因地制宜，由简到繁，注重实效，逐步扩展。要从学校财力的承受能力出发，以信息技术应用的客观需要作为标准，充分发挥信息技术的效能，避免造成浪费。比如图书馆，最初应用信息技术的目标就是对图书进行的有效管理，由于需求单一，大可不必在网络配置等方面要求过高。电子校务建设是一项高投入的工程，在其建设之初，应做一些可行性分析报告，无论资金雄厚还是资金紧张的高校，都应该注重资金投入的使用效率，注重设备的实用性。

七、加大制度建设，为信息技术的利用提供强有力的支撑

随着信息技术在高校行政管理各个方面的不断普及和应用，各种相关的规章制度也需要加以建立和完善，以保证信息技术实施的目的顺利实现，所以，工作人员必须接受和使用信息技术，而且在使用的过程中必须坚持制度管理，制定有关的使用、授权、录入、保密等制度。例如，可制定《关于基于网络的电子文件处理规定的实施办法》《关于取消纸质信息、部分纸质文件和文件归档的实施办法》等。

高校行政管理信息化重在建设，贵在应用。应当转变观念、营造环境。

信息化建设并非少数管理人员之事，要靠全体教师和大学生的关心和参与。大多数基本信息的传递需要管理人员的参与，因此，高校行政管理人员应当转变观念，改变传统的处理、传递信息的方式与习惯，树立起现代网络意识，努力提高个人素质。总之，高校在信息化建设的过程中要有意识地营造一个人人会用、乐于用现代信息技术进行管理和学习的大环境。

第六章 互联网信息时代高校教育管理模式创新

第一节 融入开放性的思想

我国现阶段的高等教育已经迅速转化为大众化教育，受教育者的求学情况、知识基础与以往相比发生了很大的改变。政治辅导员和班主任要指导大学生正确面对竞争、面对择业、面对压力，引导大学生规划人生，培养大学生有宽广的胸怀和健全的人格，努力把德育渗透到大学生成才、就业的全过程，要主动管理育人，提高工作效率和工作水平，创造更好的育人环境和氛围。

一、建立优秀的管理团队和制度

如何适应时代的要求，培养社会需要的人才，是从事大学生管理工作者的永恒话题，同时对大学生管理领导干部也提出了更高要求。学校高层领导应加强对大学生管理工作重要性的认识，挑选一批思想素质高、工作能力强、具有一定大学生管理工作经验的工作人员担任学校大学生管理领导工作。经常性地组织并开展对各分校、教学点大学生管理领导干部的专业培训，邀请较高水平的专家讲座，全面提升大学生管理干部的素质。通过各种方式组织开展校与校之间大学生管理工作的交流，请大学生管理工作突出的管理干部讲解、传授管理经验，并通过讨论交流，达到共同提高，共同进步。以校本部为载体开辟全校性大学生管理工作专项窗口，广泛讨论发表管理体会，创建全校性大学生管理专刊，组织系统内投稿，把大学生管理工作真正落到实处。

学校应建立导学教师引进、培训、考核、交流的整套制度。完善引进程序，严把入口关，力争把有能力、责任心强的导学教师引进来。建立严格的导学教师培训、考核制度。导学教师应对以现代计算机网络为主的多媒体现代远程教育技术有较深的掌握，能熟练运用计算机网络等媒体技术获取教学资源，并能配合辅导教师进行教学资源的整合，组织和指导学员开展网上答疑、BBS 讨论、双向视频等网上教学活动，利用 QQ 群、微信、E-mail 等与学员进行日常沟通。完善导学教师的流动计划，打破以往导学教师队伍建设的封闭体系，激活用人机制，拓宽导学教师出口，加强导学教师的交流和提拔，解除导学教师的后顾之忧。

解决导学教师流动性较强、流失率较高的问题，必须加强导学教师的专业化建设，其中最主要的就是更新观念，尤其是更新领导的观念，全面提高导学教师的综合素质。导学教师在工作了一段时间以后就会积累一定的工作经验，也会认识到自身不足。如果学校能制定一套完整的培训机制，给他们更多的培训学习机会，不管是对学校还是对导学教师本人来说都是双赢的。另外，还可以加强导学教师之间的沟通与交流，使导学教师的业务能力不断提高，确保导学教师在工作中发挥应有的作用，进而保证开放教育大学生的培养质量。

二、注重培养优秀的大学生干部

优秀的大学生干部不仅会给其他同学做出榜样，也会分担导学教师的工作重担，而且在这个过程中也锻炼了大学生的工作能力，从而运用在自己以后的工作实践中。导学教师在选择班干部的过程中要一视同仁，不能因为个别小问题而否定他们的优点，应广泛听取同学和任课教师的意见，综合大学生的平时表现民主或择优选拔，选出的优秀大学生干部，要给予充分的信任和尊重，减少个人干涉，使他们能够充分发挥个人的工作主动性和能动性。

大学生干部队伍应真正发挥先锋模范作用和战斗堡垒作用。学校应健全团组织、学生会组织，主动让大学生组织成为学校与大学生，教师与大学生沟通的桥梁，通过民主推荐、个人竞选产生大学生干部队伍。结合开放教育类大学生的生理和心理特点，通过大学生干部开展广泛的思想交流，帮助广大学生树立和培养学习自信心。一方面肯定他们在以往的学习和工作中取得的成绩和付出的努力，使他们充分看到自己的优点和能力；另一方面要循序渐进式的一对一辅导，将他们在现在的环境中遇到的问题总结归纳，然后反馈经验。在交流沟通过程中，要注意交流态度，避免出现僵局而挫伤大学生的学习积极性，要充分尊重大学生。成人大学生的自尊心相对来说更强，并且也更容易受到伤害，教师的教育手段要不断改进，积极与大学生磨合，减少代沟的出现。在沟通的同时，鼓励他们学习之后要在自己原有的领域有所创新和进步，帮助他们做好职业规划和人生规划。在思想教育过程中，应尽量避免用说教的方式，毕竟这些大学生都是成年人，强硬的教育态度只能引起大学生的逆反心理，不仅不会配合教师的教育工作，甚至会放弃继续学习。对个别"问题大学生"要单独关注，因材施教，明察暗访，找出大学生学习欠缺的根源和影响因素，和周围同学以及同事努力解决问题，最大限度地激发他们的学习主动性。

三、通过加强校园文化氛围引导大学生的学习和发展

开放教育的大学生以参加远程教育学习为主，这些大学生有着强烈的孤独感，他们渴望交流，希望像普通高校的大学生一样有丰富的校园生活，感受来自众多同学的支持与友谊。学校应主动提供大学生情感交流、培养兴趣和寻求帮助的平台，能够促进大学生之间交流沟通，传承成长经验，解答大学生疑惑，碰撞智慧思想，传递情感关怀，培养同学友谊，消除学习孤独感，增强大学生对开放大学的身份认同感、归属感和凝聚力，营造积极向上的校园文化氛围，促进大学生的管理、学习和发展。经常性地开展校区、班级之间各种比赛活动，增进大学生之间的友谊，根据不同大学生原来从事行业的不同，有针对性地聘请相关行业的专家学者到学校举办讲座，吸引大学生积极参与和交流。并用各种比赛的形式加强同行的良性竞争，使同学之间互相帮助，共同进步。导学教师应合理引导大学生的学习积极性，帮助其树立明确的学习目标，使大学生学习起来既有针对性还能自我检测和反馈。

第二节 坚持"以人为本"的理念

随着现代教育的发展和教育改革的深入，"以人为本"的大学生管理将最终取代传统的大学生管理，这是大学生管理改革和发展的必然趋势。人

是管理中的首要要素,因而提高人的素质、调动人的积极性、促进人的全面发展是提高管理效果的关键。科学发展观的本质和核心是坚持"以人为本"。坚持"以人为本",不仅在人类思想发展史上具有重要的理论价值,更应成为当今高校的一种新的办学理念。

一、什么是"以人为本"的管理

"以人为本"管理模式即以人为中心,在确立大学生主体地位的基础上,围绕调动大学生的主动性、积极性和创造性来开展一切管理活动,这种管理模式是高校大学生管理模式发展的必然走向。"以人为本"的大学生管理工作理念,就是要以人为出发点,充分尊重大学生作为人的价值和尊严,充分尊重大学生的人格、个性、利益、需要、知识、兴趣、爱好,力促大学生全面发展,健康成才,并能可持续发展。这意味着要从那种把对人的投资视为"经济性投资"的立场转变为"全面发展性投资"的立场。"以人为本"的管理在处理人与组织的关系时,并不否定和排斥组织的目标,而是把人的自我发展和自我完善作为组织目标的组成部分。高校大学生管理中坚持"以人为本"的管理思想,就是指高校大学生管理工作必须以调动大学生的积极性、做好大学生的工作为根本。具体而言,就是要在高校大学生管理过程当中坚持把教育和管理的对象——所有大学生作为全心全意为之服务的主体。树立"以人为本"的高校大学生管理理念,营造良好的服务氛围,对大学生能起到潜移默化的作用。高校从教学到行政管理,从大学生学习到后勤服务,都要不断深化教育改革,转变教育观念,转变过去那种以学校为主体、以教育者为核心的工作思路和工作方式,变管理为服务,树立"一切工作都是为了大学生"的健康成长的管理理念。"以人为本"的高校大学生管理就是以大学生的发展为高校工作的出发点和落脚点,一切为了大学生,使大学生德、智、体、美、劳全面发展。具体而言就是要理解大学生、尊重大学生、服务大学生、信任大学生。

二、实现"以人为本"的管理模式的必然性

高校是培养和输送人才的重要阵地,始终担负着为社会培养高素质的建设者和接班人的神圣使命。在现行的高校大学生管理中,管理目标的抽象

化和格式化也是高校大学生管理的一大弊病。高校大学生管理工作与学校的其他工作目标是一致的，都是为社会培养人才。

人性化管理是通过以情服人来提高管理效率的，人性化管理风格的实质就在于充分尊重被管理者的自由和创造才能，从而使被管理者愿意以满足的心态或以最佳的精神状态全身心地投入学习和工作当中去，进而直接提高管理效率。人性的管理是情、理、法并重的管理，而不是放任管理，也就是我们提倡的教育人性化。对高校大学生实行"以人为本"的管理模式抓住了大学生管理中最核心的因素，因为大学生管理就是人的管理。人的需求、人的属性、人的心理、人的情绪、人的信念、人的素质、人的价值等一系列与"人"有关的问题均成为管理者悉心关注的重要问题。这是高校大学生管理的出发点和落脚点。

高校的基本职能之一就是为社会发展教育和培养人才，大学生已经具有了成为国家栋梁的基本潜质和条件，在教育和培养的过程中，要充分调动大学生的主动性、积极性和创造性，为他们提供能激发创造性和自主创新性的氛围。而要实现这一目标，高校大学生管理就必须是人性化管理，实施"以人为本"的管理模式。首先要转变教育管理观念，树立科学的人才观。切不可用一种人才模式去苛求大学生，限制大学生个性的发展。大学生管理工作者要有着眼于未来的宽广眼光和不拘一格育人的胆略。其次要着重提高教师的综合素质，强化管理者的人格魅力。

在新形势下，主观上大学生群体已经逐渐不接受传统的高校大学生管理模式，客观上高校管理所面临的形势也不能使这样一种模式维持下去。招生规模扩大，个性培养和创新教育日益被高校所重视等因素都要求高校大学生管理必须抓住"大学生"这一根本，转变管理理念，提高教师的综合素质，强化管理者的人格魅力。进行人本化管理，其实是对教师尤其是大学生管理者提出了更高的要求。"以人为本"，促进高校大学生管理和谐发展是时代的发展适应大学生全面发展和个性发展的必然要求。构建和谐社会和谐校园、适应新时期大学生的思想特点等使"以人为本"的管理模式成为必然的选择。

三、构建"以人为本"的大学生管理模式

(一) 加深对大学生的本质认识

高校大学生管理无论是计划和任务的确定,还是内容和形式的选择,都源于对大学生的认识和把握,源于对大学生发展中各种矛盾的深刻洞察。实际上,任何个体都有其自身具体、独特、不可替代的需求。不同个体的需求在整个群体中又都不是孤立存在的,它们之间是相互联系和作用的。就高校大学生管理而言,大学生对自身所处管理环境的感受,对自己在学校中的地位,对学习、恋爱、人际关系、就业等个人发展需要得以满足的程度,都是影响管理效果的重要因素。

离开了对这些因素的认识、洞察和把握,高校大学生管理就成了无源之水、无本之木。因此,我们只有全面考虑大学生的个体情况,重视个人需要在管理中的地位和作用,并把它们看作运动的、变化的,高校大学生管理才能有的放矢,提高管理效率,收到预期的效果。

(二) 营造"以人为本"的校园文化环境

环境是人们赖以生存和发展的自然条件和社会条件的总和。校园文化环境是指与校园文化的形成与发展密切相关的外部条件。校园文化环境包括校园的物质环境和校园的精神环境两部分。校园的物质环境是以布局成型的姿态出现的物质环境,主要是指校容,如建筑物的布局,室外的绿化、美化,室内的整洁、美观、大方等。校园的精神环境主要是学校的传统习俗、校风、人际关系、心理氛围、文化品位及活动构成的气氛等。人的发展及才能的养成是遗传、教育、环境共同作用的结果。人不仅受所处环境的影响,也在不断地改变环境。这个环境又进一步地影响自己和他人。就学校而言,这种对人的发展以及才能的养成产生影响的环境,就是校园文化环境。校园文化环境对学校的教育工作及师生员工的生活有着不可低估的作用。开展丰富多样、多元化的大学生集体活动能够培养大学生崇高的理想和高尚的道德情操,能够使大学生的兴趣爱好和特长得到良好的培养和充分的发挥。在一个健全的集体中,大学生的不良习惯及意识也比较容易克服,因为集体的优

良作风对大学生思想品德的形成和发展能起到巨大的促进作用。要充分调动大学生的积极性、创造性，设法激发大学生的思维兴奋点，组织开展丰富多彩的集体活动，在集体活动中教育、培养每个成员的集体主义精神，通过各项活动，积极发挥和发展大学生的才干及特长，活动和教育才能融为一体。

（三）构建以大学生为中心的管理模式，实现大学生自我管理

构建以大学生为中心的管理模式，其中最基本的有两条：一是确保大学生在教育中的主体地位，充分尊重大学生的人格与自主权利；二是对所有大学生负责，为大学生的全面发展提供应有的服务。

作为教育工作的重要方面，在管理工作中确保大学生的主体地位，尊重和维护大学生自主学习的权利，就要保证大学生的主观能动性得到充分的发挥，使大学生的个性得到充分的张扬，使大学生的潜力和发展的潜质得到充分的挖掘。积极实践大学生的自我管理、自我教育、自我约束、自我服务、自我发展等，不断培养和提高大学生独立思考问题、分析问题、解决问题的能力，这不仅是改进大学生工作，为大学生的自主发展提供更大空间的需要，也是我们这些年来在大学生管理工作中的成功经验。实际上大学生的"自我管理"，就是一种民主的、开放的、人性化的管理，它更加有利于实现大学生成才的目标。

四、大学生在管理中的问题

高校大学生通常叛逆心理较强，不喜欢被约束，不喜欢规章制度，希望自由自在。针对高校大学生的这一特点，我们可以调动大学生的主观能动性，使大学生转换观点，不要让大学生觉得自己被约束，让他们觉得自己是自由的。可以多让大学生参加课外活动，多参加社团、大学生会工作，使大学生通过管理学会自我调节和自我管理。同时我们需要有更多的激励方式来调动大学生的积极性，从而更好地进行自我管理。对于在大学生管理方面表现出色的大学生应该予以必要的精神鼓励和物质鼓励，这样大学生才能够更好地自我管理，进一步推进管理模式，形成良好的管理习惯。

五、加强大学生管理机制

做好大学生管理工作，需要大家不断地努力，通过多和大学生沟通，了解大学生，立足于大学生所需、大学生所想，实实在在地为大学生做好服务。在管理方面，教师应该更多地阅读教育学方面的书籍，更好地了解现阶段大学生的心理状态，知道怎样处理出现的问题；同时，做大学生管理工作的教师需要有满腔的工作热情和无私奉献的精神，时时刻刻关心大学生，了解大学生的需要，从更人性的方面出发。然后，教师也需要合理的晋升培训机制，更好地鼓励管理工作做得好的教师。只有这样，教师才能更有动力做好管理工作。

高校管理工作是一项责任重大的工作，要围绕大学生的基础需要，立足于大学生的发展，更多的是做一个好的引导者，让大学生朝着更好的方向发展。这也是我们管理者在以后的工作中需要加强的。

六、提高大学生管理工作者的素质

"以人为本"的管理理念体现出管理的自主性、民主性、灵活性和发展性等特征，这对大学生管理工作者提出了更高的要求。"教书育人"就是通过"教书"这一手段和过程达到"育人"的目的。高校各门课程都具有育人功能，所有教师都有育人职责。学校道德教育的成效很大程度上是由教师的道德素养所决定的。教师及各类管理人员要从不同的方面对大学生的行为产生影响和作用，确立全员育人和全程育人的观念。大学生工作者要深刻认识并准确把握经济社会形势和发展趋势，面对这些变化所带来的影响，能够因势利导做好大学生的教育引导工作。

建设一支高素质的大学生工作队伍，一方面是高职院校要按照要求认真做好建设规划，做到师资队伍和其他管理人员队伍的建设统一规划、统一实施；要明确条件、坚持标准，切实做好人员选配工作；要周密计划、合理安排，扎实推进人员培训工作；要提出目标、严格要求，不断增强大学生工作者的责任感；领导和有关部门要对大学生工作者思想上重视、工作上支持、生活上关心、政治上爱护，使大学生工作者都能够随着形势的发展和工作的进行不断提高素质和水平，以满足事业发展的需要。另一方面，要求大学生工作者加强自身修养，明确神圣职责，增强责任观念，树立服务意识，努力学习，积极实践，深入思考，大胆创新，不断探索新形势下大学生工作的新路子、新方法，不断总结适应新形势、新情况下的大学生工作的新经验、新成果，在全面服务大学生成长成才的过程中发展自己，实现自身的价值。"以人为本"的大学生管理要追求以新奇制胜，以巧妙攻心，关注大学生的日常生活和学习生活中行为表现的细枝末节，把为大学生服务放在重要位置，创造性地进行管理。只有坚持"以人为本，和谐发展"的管理理念，适应新时代社会发展的要求，倡导积极向上的学习观、人生观、价值观，实现大学生管理模式的改革与创新，才能真正促进大学生的全面发展、和谐发展和持续发展。

第三节　提升教育服务意识

现代教育以促进人的现代化和主体的全面发展为中心。主体性、发展性是现代教育的本质规定。基于此，现代教育倡导"教育是一种服务"的教育管理理念。它强调教育者（教师）以满足受教育者（大学生）个性发展，为受教育者创造全面发展和主体生成的情境和条件。它概括了当今教育的经营态度和思维方式。在如何开展教育管理和教育活动问题上，相对于传统的教育管理理念，教育服务理念具有以下特点。

第一，教育服务理念体现了现代教育"以人为本"的精神，突出了主体，突出了主体的生成和主体性发展，以培养现代主体人格为根本。它直接着眼于人，着眼于人的发展。

第二，教育服务理念下的教育管理活动是教育者与受教育者互为主客体、主体间的对象性活动；是在教育者的组织领导下，教育者与受教育者共同参与的活动；是教育者的启发、引导、指导与受教育者的认知、体验、践行的互动；是教育者的价值导向与受教育者的自主构建统一的活动；是教育者与受教育者的相互教育与自我教育教学相长的活动。

第三，教育服务是现代教育管理的整体特征，它不是教育活动的某个阶段或某个部分、某个方面的特征。作为现代教育的根本指导思想，它贯穿于教育管理活动的始终和教育管理活动的各个方面。

教育服务的管理理念对于高校的改革、建设和发展有以下作用。

一、教育服务理念为改革高校大学生管理提供内部驱动力

我们的教育理念是培养人、改造人、塑造人，这具有很大的合理性和教育价值，但是，对于怎样操作和实施，人们往往受一种片面的理念所指导。长期以来，人们一直将大学生作为工作对象来"加工"，将教育完全观念化，以至于我们不能正确理解教育与社会、教育与个人发展之间的关系，使我们的许多教育政策与决策缺乏科学的基础。

树立高等教育服务理念，能够促使高校管理者树立责任意识、市场意识和竞争意识，促使他们关注社会与受教育者的个人教育服务需求，推动高校自觉自主地进行改革，把握市场动向，完善服务体系，增强效益意识，提高服务质量。来自管理者自己对这种改革的需求和认同是改革高校大学生管理最主要的动力。可以说，没有管理者对这种改革的深刻理解，没有管理者对大学生管理的热情参与，没有管理者对大学生管理的积极投入，大学生管理理念要转变就十分困难。要求高校管理者树立教育服务理念，就是期望在形成教育服务理念的同时，一方面，使管理者意识到自己与服务、服务与大学生之间的密切关系，因而去尝试改变对大学生的态度，尝试用一种全新的视角去看待大学生；另一方面，也让管理者从根本上认识到传统管理的问题所在。服务理念首先是将服务对象当成自己一切服务工作的对象和焦点，将大学生满意与不满意作为衡量管理业绩的重要指标，在客观上就迫使管理者去反思原来的管理理念并努力去接受新理念、新方法。这样，就能形成一种内在动力去推动他们进行改革。

二、教育服务理念为引导高校大学生管理提出新的目标

传统教育理念培养人一般只要求听话、服从，教师培养大学生追求"齐步走""整齐划一"，对大学生个体之间的差异和个体特征重视不够，因而很难适应时代发展的需要。大学生是共性和个性的统一。共性是指大学生的群体属性，个性则是指大学生的个体属性。处于同一年龄阶段的大学生，由于他们生命过程和生活经历的相似性，他们的身心发展在同一规律支配下，表

现出某些相同或相似的属性和特征，即共性。但这些共性只是相对而言的，由于个体间遗传因子、家庭背景、社会环境及教育影响的差异，大学生的身心发展无论是在内容上还是在水平上都是千差万别的，大学生的性格、兴趣、爱好、智力、能力不完全相同，即具有个别差异。这种个别差异是绝对的，是不以人的意志为转移的。这是大学生管理必须面对的事实。

树立高等教育服务理念，不仅能够让我们意识到大学生共性和个性的差异，还能够让我们意识到，高等教育服务的生产者是教育工作者，他们通过消耗智力和体力，而生产出适合不同教育对象需求的、具有多方面性能的教育服务，处在生产领域；大学生则是高等教育的消费者，处在消费领域，这种理念为高校大学生管理实践提出了新的目标。作为提供教育服务的教育者，在大学生管理中应以大学生为本，尽量满足大学生（作为消费者）的需要。不同的大学生有不同的需要，同一大学生不同时期的需求层次也不尽相同，需求的多样化就决定了教师工作的复杂程度。在提供教育服务时，教师不再是以前高高在上的管理者，而是成了为大学生提供服务的教育服务生产者。要生产出优质教育服务，以满足不同大学生的所有合理需求，教师就要自觉地树立"以人为本"的服务理念，掌握大学生的思想动态，了解他们需要什么、喜欢什么、想些什么、关心什么、拥护什么、反对什么、兴趣何在，更要了解不同年龄大学生身心发育的规律和特征。要深入课堂、深入食堂、深入大学生宿舍、深入大学生活动的各个方面，只有这样，才能从大学生的角度制定符合他们身心发展需要的管理规章，才能努力完善他们的个性，充分发挥他们的创造潜能，才能受到更多大学生的欢迎和喜爱。要"生产"优质服务，教师还要了解大学生需求的变化。社会在变，时代在变，生活环境在变，大学生的思想观念也会随之发生变化。这就要求教师要不断调整教育方式，随时了解以前的规章是否符合发展了的实际，以前的教育方式、教育手段还是不是大学生愿意接受的。

三、教育服务理念为高校大学生管理创造新型师生关系

传统的教育理念认为，大学生是教育的客体，教师是教育的主体。受这种教育理念的影响，在大学生管理中教师和大学生之间是管理者与被管理者、指挥与服从的关系，大学生是弱势方，学校是绝对的强势方。这种管理

方法虽然也会取得一定的管理效果，但它付出了扼杀大学生主体性、自主性和主观能动性的巨大代价。

树立高等教育服务理念，要求教育者重新审视以前的师生关系，树立起新型的师生关系。从高等学校教师方面来看，在教育服务生产过程的师生关系中，大学生作为教育服务消费者，在教育过程中拥有重要地位，教师必须予以尊重；教师作为教育服务生产者，不能不认真考虑作为教育服务消费者的大学生的意见要求。这意味着教师必须改变角色意识，树立服务理念，从提高服务质量、保证消费者满意的角度出发来考虑一切，才能做到因材施教。从大学生方面来看，意味着他们必须树立独立意识和自主观念，必须对自己的选择和行为负责，不能完全依赖学校和教师。这种新型的师生关系有利于大学生管理中师生平等地、朋友式地、相互尊重地交流对话。管理者也只有从观念上意识到对大学生进行管理就是对大学生的一种服务，认识到尊重大学生就是在尊重自己，放弃大学生就是在放弃自己，大学生的失败就是自己的失败，失去了大学生就是失去了自己，才可能真诚地去爱，真诚地去付出，新型的师生关系才可能得以建立。在这种新型的师生关系中，大学生管理倡导以"爱"为核心的情感管理。爱是一切教育的起点，是开启大学生心灵的一把"金钥匙"，也是教育引导和管理大学生的一种精神动力。只有爱大学生，管理大学生才能做到十分耐心，了解大学生才能非常细心，为大学生服务才会一片热心。而爱大学生的最有效途径就是和大学生交朋友，成为大学生的良师益友。这样，一方面，可以唤起大学生管理者的友爱之心，使大学生管理者乐于并善于与大学生交友；另一方面，可以使大学生把大学生管理者看成最值得信赖的人，向管理者敞开心扉，吐露心声，心悦诚服地、愉快地接受管理。

四、教育服务理念为高校大学生管理的评价提供新的依据

无论什么条件下，任何一所学校的大学生管理都有获得良好效果的预期。在不同时期人们衡量大学生管理质量的依据不尽相同。传统的教育理念从管理者的角度出发，管理质量意味着管理特征对组织的规定与要求的符合程度。这一视角使组织更关注效率，即用最小的成本获得最大的收益。

树立高等教育服务理念，衡量教育质量的标准则主要是服务对象的满

意度。这一视角更关注服务对象需要的满足。与传统理念相比，这一理念已经意识到了不同的服务对象会对同一产品感知到不同的质量水平。当大学生或家长感知到满意的服务时，也就是他们对所有服务特征的期望都得到满足或超额满足时，他们把整体服务感知为优质，并因此对学校和教师保持忠诚，从而对学校产生归属感。用满意度来衡量大学生管理，传统的强迫式的管理方法必然失去效力，这就促使大学生管理者转变理念，认真研究大学生，了解大学生身心特点，了解大学生需求，创新教育方法，来满足大学生需要，从而为高校大学生管理提供了新的衡量依据。

用满意度来衡量大学生管理具体表现在要符合学校教育质量的以下几个特征。

（1）有效性。也就是能有效地发挥教育服务产品的功能和作用，满足大学生学习的欲望，促进大学生的发展。

（2）经济性。是顾客为了得到教育服务所承担的费用是否合理，优质与廉价对顾客是同等重要的。

（3）安全性。是学校保证服务过程中大学生的生命不受危害，健康和精神不受伤害，人格不受歧视，合法权益受到尊重和维护。

（4）时间性。大学生对服务的时间上有需求，他们需要服务及时、准时和省时。

（5）舒适性。大学生需要舒适的学习环境，以及令他们感到舒适的服务态度。

（6）文明性。大学生需要学校有一个自由的、亲切的、受尊重的、友好的、自然和善意的、理解的氛围，希望教师有较高的知识修养、文化品位和幽雅的举止谈吐。

用满意度来衡量大学生管理要以服务对象为衡量主体。学校应给予大学生充分的评估权，应制定教育服务质量标准，并使服务者了解标准；研制大学生满意度问卷调查，作为衡量大学生管理的主要标准。当然，用满意度来衡量大学生管理并不意味着对传统衡量标准的彻底抛弃。为了对高校大学生管理作出更科学的评价，我们以为，可以建立起高校大学生管理满意体系。这种体系除了大学生满意以外还包括管理者自己满意体系，包括上级对下级的满意、下级对上级的满意以及家长满意、社会满意等。这种系统化的满意体系有利于大学生的健康成长，有利于学校的管理，使师生之间建立起共同学习、共同进步的良性循环。

五、在大学生管理工作中树立服务意识的几点要求

(一) 思想观念要转变

长期以来，传统的大学生管理工作是以管理者为中心开展的，管理者对大学生拥有绝对的权威，管理者与大学生的关系是"管"和"被管"的关系，管理的内容主要表现为要求被管理者"做……""不做……""如果……"等，管理的基本方式是"要求""批评(甚至是训斥、吓唬)"和"处分"等。这样的管理方式在特定的历史时期，对纠正大学生的不良行为习惯是起到积极作用的。

伴随着社会主义市场经济的不断发展，社会竞争日益激烈，社会对大学生素质、能力的要求不断提高，传统的管理模式已经不再适合当前的高校大学生管理工作，我们就应该结合新情况，用发展的思维去改进它、完善它。在管理中融合服务的思想，体现"以人为本"的管理理念就是适应新形势的有效方法，我们应着实意识到它的重要性，切实贯彻到管理工作的各个方面和环节中去。

(二) 工作态度要转变

大学生是整个教育过程的主体，在大学生管理工作中要充分尊重大学生的个性和人格，转变以前"高高在上""不俯身子"的管理者的姿态，带着管理就是服务的理念，不断提升自身工作对大学生的吸引力和亲和力，主动深入大学生群体，经常倾听大学生的意见和建议，及时对工作不足之处加以整改，贴近大学生生活，贴近大学生实际，视大学生为朋友，宽厚待人，主动去尊重、理解、关心和帮助他们，引导他们以主人翁的姿态投入学习、工作和生活，促进他们道德自觉自律意识的养成，最大限度地发挥他们的创造潜能。

(三) 工作作风要转变

说得好不如做得好。树立落实服务意识，关键还是在工作作风上的转变。要把解决大学生的思想问题和实际问题结合起来，主动观察大学生关心、关注的热点与焦点问题，及时高效、公平公正地做好大学生的评优评奖、就业推荐和指导等工作，让大学生感受到实实在在的服务效果。特别是在对待学习后进生和个别违纪同学的管理中，要学会感动他们，通过各种有效的帮助教育途径，比如指导学习方法、多表扬他们的优点等，使他们觉得教师的工作是为他们着想，是为了实现、发展和维护他们的利益，从而可以自觉学好、表现好，并促进整个群体管理的顺利开展。

(四) 服务意识的树立要与坚持制度相结合

在大学生管理中，制度是工作的保障，服务是工作的理念，稳定和谐是工作的目的。强调树立服务意识不是抛弃制度的约束，而是增加制度落实的人性化，没有制度依靠的服务是无力和软弱的。对于个别纪律观念薄弱、思想觉悟低、道德品质差、屡次违反纪律的大学生就应该按照规章制度给予相应的处分和处理，这样才能维护绝大多数同学的权益，赢得绝大多数同学的支持。同时，规章制度的坚持与落实需要服务意识的体现，只有怀着服务好大学生的思想，才能赢得大学生的理解与配合，才会将外在的规定转化为他们内在的自我要求，这样大学生管理才会具有实效性和持久性。

六、在大学生管理工作中树立服务意识的几点建议

(一) 建立一套科学、规范、完善的大学生工作制度

高校应按照国家有关法律规定，依据本校实际情况制定完整的、可操作性强的程序、步骤和规章制度，并以此规范大学生的行为，行使有效的管理。完善学校的规章制度，第一，应确定制定主体，不仅学校领导参与，管理者参与，作为被管理者的大学生也要参与，这样才能充分体现大学生的利益，实现"以人为本"。第二，大学生管理制度应当完善，其不仅要注重实体内容，还应当注意到程序内容。比如，大学生处分制度应当列明大学生在

哪些情况下会受到处分，还应有大学生辩护机制和申诉机制。在所有的程序都进行完之后，再由决策机构来认定处分该不该执行。第三，学校应有快速的反应机制。对国家一项新的大学生管理政策或者法规出台以后，学校应快速反应出相应的实施意见。除了这些强制性的规定，还应当有一系列自律性的规定，使大学生明确集体生活中行为自律的重要性而自觉规范自己的行为。

(二) 发挥大学生主体能动性，变被动管理为自我管理

在工作中要注意调动好大学生自身参与管理的积极性，让大学生积极参与大学生管理工作，改变大学生在大学生管理工作中从属或被动的地位，不是单纯地把大学生看作教育管理的客体，以利于消除大学生对于被管理的逆反心理，实现大学生的自我管理。大学生管理中宜推行以大学生工作处指导下的，以辅导员、大学生干部为调节的，以大学生自律委员会为中心的相对的大学生管理方式。其既能锻炼大学生的能力，同时又达到了管理的目的。

(三) 完善对大学生管理者的选拔模式和培训机制

提高大学生管理工作者的待遇，建立一支专业稳定的大学生管理队伍。一是大学生管理者的选拔模式要创新。新的选择模式是要面向全社会，以完善的选拔机制来完成对大学生管理工作者的选拔，这样能招募到各类人才，使大学生管理队伍进一步扩大并提高一定的质量。在选拔人才的时候尤其要注意他们在教育学、心理学、管理学方面的知识。在国外做家政服务都必须具备心理学、教育学相关证件，持证上岗。作为大学生管理者的选拔就更应注重教育学、心理学、管理学方面的知识，最好是应具备这方面的学历。二是大学生管理者培训机制要创新。大学生管理工作是一项灵活多变的工作，需要管理者有足够的经验和专业知识来处理各种突发事件，因此对管理队伍的专业培训显得尤为重要。在新型大学生管理模式下，任课教师是一个了解大学生情况和反馈情况的角色，宿舍管理者也是一个重要的角色。原来这种专业性的培训机制针对的主要是校、院、班三级的大学生。管理工作者要改变，对管理队伍的专业培训也应面向专业课教师、大学生辅导员和宿舍管理

员，对大学生辅导员、宿舍管理员要注重教育学、心理学、管理学方面知识的更新与培训，以及对突发事件的应急能力的培养，让他们将"学会管理"与"学会学习"结合起来，使其能不断超越自我，从而培养出一支专业稳定的大学生管理队伍。注重专业课教师对大学生工作相关知识的培训，使他们从被动到主动关心大学生的成长，关心大学生工作，从而在各高校树立全员育人的思想。三是关注大学生管理者的待遇。大学生管理工作需要管理者保持极大的耐性和工作热情，管理工作相当烦琐，使很多管理者不能维持工作的长期性，而管理者的经常变动则影响大学生管理工作的开展和完善，因此，提高大学生管理工作者的待遇，使其能稳定地从事这一工作是必要的。

（四）加强大学生的德育教育和心理健康教育

当今高校教育中的人才培养不只是要使其获得专业知识和技能，也要培养其道德修养和心理素质。高等学校是培养主流意识形态的重要阵地，对构筑大学生良好的精神世界发挥着重要作用。高校大学生管理者应通过各种渠道和方式，帮助大学生树立正确的世界观、人生观、价值观，形成高尚的道德情操和坚强的心理素质。所以，高校大学生管理工作中的一个重要内容就是加强大学生的德育教育和心理健康教育。这一点很多高校已经认识到并正在改进。特别要注意结合大学生实际，广泛深入开展谈心活动，有针对性地帮助大学生处理好学习成才、择业交友、健康生活等方面的具体问题，提高思想认识和精神境界。要制订大学生心理健康教育计划，确定相应的教育内容、教育方法，积极开展大学生心理健康教育和心理咨询辅导，引导大学生健康成长。

"以人为本"的管理模式是顺应当今形势行之有效的模式。大学生管理者要结合实际情况积极运用这种模式，在管理中树立服务意识，充分调动大学生自我管理的积极性和能动性，实现管理者和被管理者的有机融合，实现大学生管理的时效性和持久性。

第四节　创新管理方式

创新是高校大学生管理的灵魂，也是高校发展的关键。高校只有大力进行管理的创新，摒弃陈旧、落后的管理方式和方法，创建一种与时代发展相适应的新的管理机制，才能真正提高高校的管理水平，从而实现高校提高办学质量和办学效益，培养大批优秀创新人才的现实目标。尽管全面创新管理是针对企业的创新提出的，但对高校也同样适用。

一、高校大学生管理工作创新的必要性

今日高校的功能已由单一走向多元，从简单趋向复杂，高校与社会的关系日益紧密。在21世纪人类社会正进入一个以智力资源为主要依托的全球化知识经济时代，伴随知识经济社会的到来，高等教育将在社会中发挥空前重要的作用。高校作为法人实体，必须有全面创新思维，否则将落后于历史前进的步伐。全面创新管理特别是其根据环境的变化突破了原有的时空界域与局限于教学管理部门和教师创新的框架，突出强调了新形势下全时创新、全球化创新和全员创新的重要性，使创新的主体、要素与时空范围大扩展。

（一）管理创新是培养高素质人才的需要

当前，科技飞速发展，新技术不断涌现，要培养大批高素质人才以适应新时代的生产建设，必须不断推进教育创新，这不仅包括教育观念、教育制度的创新，在人才培养模式和大学生管理工作上也必须探索出一条新的道路，这样才能提高人才的素质和能力。大学生管理工作是高校育人的重要手段，其本身并不仅仅是一个简单的政策、制度、规章所能涵盖的，它是一整套理论体系和系统工程的反映。大学生管理工作的创新过程必须不断与外界思想、政策、环境相匹配，适应时代的潮流和社会的发展，这样才不会被时代所淘汰。

（二）管理工作创新是高等教育大众化的需要

自1999年高校扩招以来，招生规模不断扩大，大学生人数不断升高，

大学生的整体素质也在发生着巨大的变化，这对大学生管理工作是一个不小的挑战。高校大学生管理工作只有积极创新、不断探索，才能适应高等教育大众化发展的要求。

（三）管理工作创新是服务大学生的需要

我国当前正处于社会转型期，社会生活方式逐渐多样化，大学生的思想观念、价值观念、生活方式都在发生着巨大的变化。随着网络技术的快速发展，大学生对于新知识、新技术的接受和学习速度变得更快，这使他们被网络深深地影响着。从大学生管理的层面上来看，互联网的确带来了新的技术和方法，但互联网也冲击着传统的管理方法和体制。对管理模式进行创新，这是加强大学生工作的需要，也是提高高等教育质量的需要。

二、全要素创新在高校大学生管理中的应用

（一）高校创新发展战略的制定为全面创新指明了方向

高校在战略措施的制定上，要找准切入点，突出特色，坚持特色办校，将有限资源用于战略性、关键性的发展领域，使之发挥最大的效用。高校的优势来源于管理者将内部所具有的专业特色优势、人才优势、学术科研成果、管理经验、资源和知识的积累、整体创新能力等多种因素整合。只有建立在现有优势基础上的战略，才会引导高校获取或保持持久的战略优势，推进特色办校战略，不但在某一学科或专业上有特色，而且尽可能进一步在某一领域上有特色。

（二）创新文化的建设是高校实现全面创新的源泉

各种创新活动都离不开高校创新氛围的基础，如果高校中人们的思想僵化，思路不清、机械、呆板，满足现状，不思进取，缺乏创新欲望与动机，对创新举动不予理睬甚至百般阻挠，就不可能形成强烈的创新氛围。据研究，国内外的一些著名高等学校，其保持长盛不衰的活力之源就是独特校风的延续和更新机制的存在。

(三) 技术创新是高校实现全面创新的手段

现代信息技术对教师的学科知识结构以及掌握现代化教育技术的程度也提出了更高的要求，引起教学方法和手段的现代化及课程内容的更新，影响教学过程和人才培养的过程，对大学生的思维方式、行为模式、价值观念、政治倾向等都产生深刻的影响。

(四) 创新制度设计是高校实现全面创新的保障

任何一个制度和政策设计的终极目标都是要最大限度地激发人的积极性。高校必须承认个人在知识发展中的独特性，建立有利于大学生创新思维、创新能力培养的管理制度，既有利于充分发挥大学生的学习积极性，也有利于充分发挥教师的教学积极性。

(五) 学习型组织是高校实现全面创新的必然选择

随着我国高等教育向大众化阶段的迈进，高校办学规模不断扩大，管理幅度和管理层次也相应增加，高校实际上已经成为一个复杂的组织系统，传统的金字塔式的组织结构已很难适应知识经济的要求。因此，应改变组织结构，建立一种有机的、高度柔性的、扁平的、符合人性的、能持续发展的、充分发挥员工的创造性思维能力的组织。

(六) 全时空创新在高校大学生管理中的应用

全时空创新是指每时每刻都在创新，它使创新成为涉及学校各个部门和师生员工的必备能力，而不是偶然发生的事件。这就要求在课程体系中增加创新能力的训练和综合实践课程，提高大学生在亲身实践中发现问题、解决问题的能力，进而激发灵感。教师要更新教育观，转变教育思想，改变常规教学方法，把知识的最新成果以及学术界正在争论的问题随时融进教学中去，身体力行地站在创新的最前沿。况且，在全球经济一体化和网络化的背景下，高校应该考虑如何有效利用创新空间，在全球范围内有效整合创新资源为己所用，实现创新的全球化，即处处创新。

(七) 全员创新在高校大学生管理中的应用

全员创新要求师生员工必须学习、学习、再学习，不仅要系统地学习，掌握基础的现代科学文化知识，而且要钻研某一专业方面的前沿领域，做到博与专、基础与特长的和谐统一，要加强当前的阶段性学习，更要强调终身学习，不断增加新知识、新技能，保持良好的知识结构。高校大学生管理人员再也不能像以往那样用传统的组织手段来指挥一群富有知识、渴望创造的教育工作者，而是必须不断探索高校大学生管理中的新规律、新问题，研究现代化高校大学生管理的新的方法论，寻求新形势下行之有效的管理方法，努力增强高校大学生管理的科学性和艺术性，不断提高管理成效，用信息化管理方式取代传统管理方式，更要学习借鉴国内外先进的高校大学生管理经验。

(八) 全面协同在高校大学生管理中的应用

正常的教学秩序需要稳定的教师队伍和部门间的协同管理创新。目前，高校规模的不断扩大使高校大学生管理创新呈现出纵向的多层次和横向的多部门性，并且相互依存。无论是从高校教育和教学管理的主体来看还是从客体来看，都不可避免地会出现利益和要求的多元化局面。高校大学生管理中的协同创新行为是高校多个部门创新的组合过程，必须让所有参与协同的部门了解当前高校组织创新的实际情况，这不但有利于单个部门的创新，而且在创新的过程中能进一步增进相互的理解和信任，利用部门间相互协同创新，增强高校的凝聚力，提高高校的管理效率和创新能力，最终实现解决矛盾，消除内耗，达到整体创新的目的。

三、高校大学生管理工作创新的几点建议

(一) 完善大学生管理制度

高校大学生管理制度是在全校范围内具有普遍约束力的各种规章、条例、制度等，是高校依据国家有关法律法规制定的行之有效的管理办法。若想改变高校的大学生管理制度，只是沿用老一套的管理办法是跟不上时代的

发展的。因此，必须尽快制定出与时代和社会现状相符合的管理制度，完善管理上的不足。

(二)大学生管理队伍专业化

目前来看，我国高校的大学生工作管理队伍普遍存在这样或那样的问题，比如专业背景不同、理论基础不扎实，在学历水平和思想素质上也存在不小的差别，这对于高校的大学生管理是十分不利的。因此，努力培养和造就一支大学生工作的专家队伍是大学生管理工作创新的当务之急。一支专业过硬、素质较高的大学生管理人才队伍，不仅能管好大学生，更能服务大学生、培养大学生，提升学校的综合实力。

高校全面创新管理体系的建立是一项复杂而艰巨的工程，不仅需要理解掌握全面创新管理中的要素，还应采取如下策略：宏观上，政府要明确在高校科技工作上的职能定位，加强对高校科技工作的战略规划，对高校实行分类指导，引领科研方向；中观上，加强校内、校外，国内、国际的科技交流与合作，建立和完善科教互动的合作创新体制，构建开放的人才培养体系和多元化、多渠道的科技创新投入体系；微观上，各高校要实施高校科技管理体制创新工程，建设科技资源共享的创新基础平台，实施科技创新人才选培工程，培育科技创新文化，提高投入资金的使用效率。

第五节 有效利用网络

互联网已成为高校大学生管理工作中不可或缺的一部分，它在给高校大学生管理工作带来机遇的同时也带来了挑战。如何充分发挥其独特优势，消除具体工作实践中的局限性，创新管理模式，将是新时代高校大学生管理工作取得成功的关键。

一、什么是网络化平台

"网络化平台"指的是在对计算机网络进行应用的前提下，处理好各方面的工作，这里主要是处理学校中的一些事项，主要包括硬件和软件两种设施。在各个区域网的基础之上，通过系统将工作内容的开发工具，可以导入多种类型的文件，通过连接和有机整合的功能，对各项工作进行全面、系统的管理。可以说，网络在很多领域内都能作为一种管理的工具，可以快速地添加或删除不同的权限，并且是一种高效的交流工具，能够对各种功能很好地予以满足。

二、网络时代高校大学生管理工作特点

(一) 管理层次多元化

各个高校在发展过程中所使用的传统管理模式主要以"自上而下""单项管理"为基础进行，而这种管理模式的范围局限于管理者与大学生之间，容易导致管理工作质量与效率提不上去。在网络社会，大学生的生活方式、学习模式等得到了全方位的改善，并为大学生的生活空间增添了全新的虚拟网络空间，进而也推动了高校的大学生管理工作朝着多元化的方向发展，管理者不仅要关注大学生的校园生活，还应该关注大学生的网络生活，从而为大学生营造一个健康、积极向上的网络生活和学习环境。

(二) 管理手段多样化

高校大学生传统管理手段较为单一，所开展的管理工作也呈现出模块化的管理现象，难以对大学生进行有针对性的管理，进而导致管理工作质量与效率提不上去。在当前的网络时代中，大学生管理者可以建立网络管理平台，通过科学、合理的手段加强对大学生的管理，了解大学生生活、学习状态，找出其中存在的不足，并及时制定有效的解决对策。另外，管理者在管理期间还应该充分利用大学生与网络之间的关系，根据大学生的性格、特长、爱好等制订出对应的网络教育方案，以加强对大学生的教育管理。

(三) 管理复杂化

现阶段，我国各个高校在发展过程中都建立了属于自己的校园网络，但是现有的网络环境对于大学生管理工作来说增添了管理难度，使得大学生管理全过程更加复杂。高校要想提高大学生管理工作的质量与效率就应该深

入校园的网络空间中去,了解大学生生活、学习状况,以此为基础为大学生制定出科学、合理的模式,并对大学生进行有针对性的管理。另外,在这个虚拟网络环境中,大学生的感情思想也正朝着虚拟化的方向发展,要想从根本上解决这一问题,就应该将对大学生的现实管理与网络管理体系进行有效的结合,进而提升大学生管理工作的质量与效率。

三、大学生管理网络信息化平台建设的必要性

(一) 提高工作效率与管理水平

高等院校是一个国家教育的主体,关系到国家的经济与社会发展。高校的最终目标是为国家输送高质量的合格人才,为国家的发展建设服务。对高校大学生的培养不仅在于各种专业知识的传递及操作技能的提高,还在于大学生身心的健康发展以及综合素质的提升。作为大学生心灵导师和日常事务管理者的辅导员教师,在大学生培养中的作用越来越明显。而越来越多的日常事务需要应用信息技术、网络技术。

高校的大学生教育管理是高校的核心工作和基本任务之一,也是高校大学生工作得以开展的基础。应用信息技术、网络技术实现高校大学生管理信息化、网络化管理是搞好大学生管理工作的一个有效手段。利用综合管理信息系统对各类信息进行自动处理,把处理结果置于互联网上,全校师生可根据自己的权限进行查询和处理等相关操作,能快速准确地传输信息、更新信息,使学校职能部门和各院(系)之间、管理工作者与大学生之间数据保持一致,从而大大提高工作效率,使大学生管理工作队伍从重复而繁杂的事务性工作中解脱出来,真正把大学生管理工作落实到"育人"这一核心任务上来。同时工作效率的提高便于克服重心错位,即各部门忙于应付具体事务性的工作,而无暇对整个大学生工作进行协调与把握等的不足,有利于工作环环相扣、层层递进,进而提高高校各管理部门的管理水平,使整个工作群体形成团队意识、协作精神。

(二) 优化大学生工作事务管理流程

高校大学生工作包含大量的事务性工作内容,如国家助学金、助学贷

款、勤工助学、临时困难补助、评优评先等。这些事务性工作在传统工作流程中一般通过学校学工部或其他职能部门向院（系）布置，由院系向大学生传达后再进行反馈。该工作流程呈现一种线性形态。而信息化管理平台就是要优化这种流程，使学校有关职能部门、院（系）、大学生三者之间通过管理平台实现交互，有利于有关单位（部门）和个人按照相应职能完成工作流程中的事务，而且，在网站模式下这种流程管理超越了时间和空间的限制，赋予了各主体最大的自主权和灵活性。针对当前我国高校多校区办学的特点，信息化技术在大学生管理和各职能部门的协调上的应用将具有更现实的意义。

四、网络对高校大学生管理工作的影响

随着信息技术的发展，互联网作为一种新媒介已成为大学生工作、学习与生活不可缺少的一部分，在高校已经很难找到从不上网的大学生，网络行为越来越成为大学生的一种生活习惯。而作为网络的主要使用者，大学生的意识形态及行为方式也深受网络的影响，他们逐渐倾向于在网上发表自己的各种看法、愿望和意见等，并开始通过网络行为来表达对与自己息息相关的管理工作的关注和诉求。在实践中，网络技术也不断地被运用到高校大学生管理工作中，这给管理工作既带来了机遇，也带来了挑战。一方面，网络技术的应用使大学生管理工作变得高效、便利且人性化。另一方面，由于网络自身虚拟化等特征，教育管理环境变得更复杂，这对高校大学生管理人员提出了新的要求。如何运用好网络这把"双刃剑"，充分发挥其独特优势为育人管理服务，将是高校大学生管理工作能否取得新突破的关键。

五、利用网络平台强化对大学生的管理

在对大学生进行管理的过程中，网络平台的构建对强化大学生的管理工作带来了巨大的帮助，其中主要体现在以下几个层面。

（一）强化了大学生思想管理工作

思想能够影响一个人的行为，尤其是对于大学生来说，他们的思想还存在着一些不成熟的方面。学校利用网络平台，可以将社会上最新的消息传递给大学生，使大学生第一时间接受最为先进的思想引导。此外，大学生因为在学习过程中会经常遇到这样或那样的困难，思想波动的情况会时常发生，这样教育人员利用网络将大学生反映出来的情况及时地进行汇总，将合理的方案制订出来，有助于及时发现大学生的思想变化等情况。

(二) 强化了大学生心理健康教育

不管是哪一阶段的大学生，都会容易出现心理上的波动，这对大学生身心健康的发展都会带来严重的负面影响。加之网络技术的出现，虽然扩大了大学生的视野，但是由于很多大学生迷恋网络，而迷失了方向，心理上也蒙上了一层黑雾，一时难以散去。面对这样的情况，学校利用网络平台对大学生的这种不健康的心理可以进行正确的引导，用健康的网络信息来代替那些不良的网络信息，通过网络信息对大学生的心理特点和思想脉搏进行有效的掌握。

(三) 强化了对大学生学习上的管理

学习是大学生的本职。随着教育改革的不断深入，传统的教学方式已经很难适应社会的发展，为了扩大大学生的视野，学校的网络平台在其中发挥了极大的作用。网络平台被各个学校运用了之后，可以为大学生提供更为活跃的课堂氛围。利用网络平台将大学生的个人信息和学习情况输入网络中，教育者可以对大学生的学习情况及时地予以掌握，如果大学生对某个知识点没有理解，就可以通过网络及时地到教师那里寻求帮助，教师会第一时间为大学生进行解答。从某种程度上讲，网络平台的搭建为教师管理大学生的学习与大学生及时地寻求教师帮助之间架起了一座桥梁。

(四) 增强大学生的凝聚力

在现阶段的一些班级当中，很多大学生都是独生子女，他们以自我为中心的理念非常强烈，缺乏团结友爱的精神，在面对这样的大学生时，班级管理者显得有些力不从心，管理起来会非常吃力。如此一来，班级就会如同一盘散沙，这对大学生各个方面的发展都会带来严重的影响。随着网络平台在学校中的应用，教师可以通过大学生的网络信息及时了解他们的真实情况，对于出现的问题，可以有针对性地进行解决。并且，教师可以根据网络平台，构建起团体性的活动，使大学生能够经常团结在一起，不断地通过网络上的集体活动，增进同学之间的友谊，这样，大学生的凝聚力就会慢慢地被培养起来。

六、网络时代下高校大学生管理工作的新举措

（一）利用校园网络，加强对大学生的心理健康教育

目前，绝大多数高校相继建起了校园网，可以充分利用这一有效资源，加强大学生的心理健康教育和心理咨询工作。利用网络，可以建立心理健康网站，开设一些诸如"心理测验""健心房""心理健康的标准""正确看待心理咨询"等知识的小栏目，帮助大学生了解什么是心理健康及其重要性，懂得出现哪些情况需要进行心理咨询。更重要的是，利用网络，可开辟网上心理咨询专栏。网上心理咨询避免了"上门"进行面对面咨询的难堪或害羞，其保密性、隐蔽性强，为大学生自由地不受地域限制地接受心理咨询提供了方便。同时，网上咨询图文并茂，生动活泼，气氛轻松，交谈的双方不需要直接见面，大学生不必担心暴露身份，可以坦诚个人隐私，更便于经验丰富的心理教师进行对症心理辅导。

（二）增强大学生网络法制意识，加大网络文明建设力度

在20世纪末互联网进入高校时，我国关于网络的相关法律法规并不完善，高校对大学生网络法制意识与网络文明的宣传教育力度不足，加上对大学生的网络行为缺乏正确、有效的引导，导致大学生普遍的网络法制与网络文明意识不强，从而造成大学生网络行为规范的缺失。高校作为大学生网络法制与文明建设的主要场所，并未有效占领网络法制文明系统建设的前沿阵地，未能形成良好的校园网络文化氛围。

针对这一现象，首先，国家已根据网络发展的新情况和新问题，及时制定和出台了一系列能适应网络环境快速发展的新法律法规，以不断提高打击网络犯罪与网络不文明行为的能力。高校大学生管理人员要加大对大学生开展网络普法教育、网络安全教育和文明上网教育的力度，积极引导大学生以

遵纪守法为荣，对有关网络法律问题进行主动思考，如利用社会上的一些典型案例教育大学生触犯网络法律所应承担的法律责任，以示警醒。同时，可在学校相关网站开辟寓教于乐的法制教育网页，设立在线互动答疑等栏目，发动大学生积极参与对网络违法现象与不文明行为的深入探讨，在潜移默化中提升大学生的网络法制与网络文明意识。其次，必须坚持他律与自律有机结合，倡导在大学生群体中形成互相监督，文明合法地使用网络的氛围。杜绝大学生对网络违法与不文明行为的互相包庇与谅解，使大学生分散的网络文明行为凝聚成有组织的共建网络文明的行动。在这一过程中，应充分发挥大学生中党员的模范带头作用，培养一支政治立场坚定、作风正派、网络技术过硬的党员队伍充当网络文明使者，利用他们来自大学生当中便于与大学生沟通、易于被大学生接受认可的优势，引导好大学生的主流价值观，使他们肩负起宣传网络法律法规、倡导网络文明的重任。

(三) 建立一支具有网络时代意识与过硬网络技能的学工队伍

高校大学生管理面临的环境发生了变化，网络信息技术的快速发展对传统的高校大学生管理理念与方式提出了新的要求，这是新时期高校大学生管理工作必须正视的现实环境。大学生管理人员要想有足够的能力应对在新的教育管理环境中出现的新问题，就必须强化自身的信息素质，提高现代网络技术应用的能力，只有这样，才能充分利用网络资源优势，拓宽高校大学生管理工作的空间，增强大学生管理工作的针对性和实效性。

作为高校大学生管理者，要抢占网络高地，建立属于自己的网络构架。注意网络社团、BBS社区、微博、QQ、微信等网络媒介在工作中的运用，努力实现班级管理网络化，提高工作效率，使大学生表达的意见有机会更直接地接近管理中心，从而改变以往信息不畅，具体管理工作、措施与现实脱节的被动局面，进而增强大学生管理工作的针对性和科学性。

此外，传统的教育理念，大学生对教师都既敬又畏，在教师的面前难以敞开心扉，难以真实地表达自己的所思所想，这样的情况导致管理者对大学生的思想难掌握、问题难发现，久而久之师生关系渐行渐远。而网络隐秘性与虚拟性的特征使网络交流少了现实中面对面交流的尴尬和顾忌，现在大部分大学生都热衷于通过网络平台来表达自我，很多时候都会把自身的心情、心态或者对事件的观点即时通过网络来宣泄。多关注大学生在网络上发表的信息，可以及时掌握大学生的思想动态，从而"对症下药"，将一些不良的思想遏制于萌芽状态。相对于以往传统、低效的育人管理环境，当前高校教管工作成败的关键，在于管理人员是否能够在第一时间准确地获取高质量的信息，只有在知己知彼的情况下才能做出正确有效的决策。

（四）充分利用网络资源，加强对大学生的服务工作

在现阶段的实践中，网络技术与资源在高校大学生管理工作中的应用还处于初始阶段，很多方面还没有落到实处。要切实在网络上开展大学生管理工作，必须坚持管理与服务相结合的原则。一方面要加大校园网络的信息量，在校园网络平台上，除了能查询到学校的各种方针政策、规章制度和通知等常规信息外，还应包含各种大学生常用的学术、生活社交网络资源，努力把校园网络建设成为一个便于大学生学习、生活的综合性平台；另一方面要多拓展针对大学生的网上服务空间，如开展网上心理咨询、网上就业信息咨询、勤工俭学信息、网上社团活动等，努力利用网络自身具备的优势特征来消除某些管理工作或服务在现实操作中的局限性，开创高校大学生工作的新局面。如大部分心理有问题的大学生都不太善于交流和沟通，而网络可以为了解大学生心理动态和进行心理咨询提供一个全新的平台。通过网上心理咨询服务，可以消除面对面的尴尬，避免现实交流带来的障碍，还可以慢慢地深入问题大学生的心里，使其敞开心扉地宣泄内心的情绪问题，从而使教育管理者可以更准确地引导大学生的行为，为更好地开展大学生心理工作提供良好条件。

（五）注重"网上管理"与"网下管理"的结合

作为一个高校大学生管理工作人员，无论信息技术发展如何迅猛，网络技术与高校大学生管理工作结合得如何紧密，我们都必须明确：大学生管理工作不是在做"虚拟世界"的工作，而是在做"虚拟世界"背后的大学生主体的工作。利用网络平台开展高校大学生管理工作要做到"网上管理"和"网下管理"相结合，做到以情感人、以理服人。同时，要加强校园现实的软件和硬件建设，增强现实空间对大学生的吸引力。很多大学生沉迷于网络的虚拟空间，主要也是由于在现实世界中，他们的很多想法和诉求都得不到满足，只能在虚拟世界里寻求慰藉。为避免这一局面，学校要多开展深受大学生欢迎、易于大学生接受的校园文体活动，尽可能使所有大学生的心理诉求都能在现实中得到满足，从而增强现实校园对大学生的吸引力，增强大学生的幸福体验。

综上所述，随着信息时代的到来，在人们生活或学习的各个领域当中都能看到互联网的影子。互联网在各个层面和领域当中都有所渗透。互联网用其多种功能不断地丰富着人们的生活和阅历，将各种思想和信息有效地进行传播，因此必将在大学生的教育和管理工作中发挥不可代替的作用。现阶段的很多学校，鉴于大学生不断增长的网络需求以及互联网极强的功能，在学校中建立起很多供师生学习与生活使用的网络平台，而这些网络平台在以上提及的两项工作中发挥了不可代替的作用，使工作的效率逐渐地提升了上来。

参考文献

[1] 但长林.高校行政管理行政效率提高的问题分析与应对策略探究[C]// 福建省商贸协会.华南教育信息化研究经验交流会2021论文汇编（一）.福建省商贸协会，2021：678-679.

[2] 张楚廷.高等教育研究精粹[M].长沙：湖南师范大学出版社，2020.

[3] 陈武元.中国高等教育发展路径的探索[M].厦门：厦门大学出版社，2021.

[4] 杨洋，王辉.高等教育课程改革与人才培养研究[M].长春：吉林文史出版社，2019.

[5] 奉中华，张巍，仲心.大学生教育管理的创新与实践研究[M].长春：吉林人民出版社，2021.

[6] 王炳堃.高校大学生管理教育与校园文化建设[M].长春：吉林出版集团股份有限公司，2021.

[7] 肖君.教育大数据[M].上海：上海科学技术出版社，2020.

[8] 张贞云.教育信息化[M].青岛：中国海洋大学出版社，2018.

[9] 樊旭，梁品超.高等教育信息化建设与人才培养模式研究[M].长春：吉林人民出版社，2019.

[10] 梁丽肖.教育信息化背景下高校管理机制探究[M].长春：吉林人民出版社，2021.

[11] 尹新，杨平展.融合与创新高校教育信息化探索与实践[M].长沙：湖南科学技术出版社，2018.

[12] 胡立厚.教育管理学探索与教学实践[M].长春：吉林人民出版社，2020.

[13] 刘学忠，赵永涛."互联网+"教育发展新范式[M].银川：宁夏人民教育出版社，2020.

[14] 罗桂琼. 云计算环境下教育信息化资源共建共享研究 [M]. 长春：吉林人民出版社，2017.

[15] 孙绍荣. 教育信息学 [M]. 北京：人民教育出版社，2019.

[16] 王宝堂. 当代高等教育管理与实践路径研究 [M]. 青岛：中国海洋大学出版社，2018.

[17] 黄贤明，梁爱南，张汉君. "互联网+"背景下高等教育信息化的改革与创新研究 [M]. 长春：东北师范大学出版社，2018.

[18] 周平红. 我国高等教育信息化水平测评与发展预测研究 [M]. 武汉：华中师范大学出版社，2018.